不動産投資は
空室物件を満室にして
超高値で売りなさい

尾嶋健信 空室対策コンサルタント
Kenshin Ojima

ぱる出版

不動産投資・賃貸経営は満室がすべてを解決します

①職業・年齢
②保有物件の詳細
③当時の空室状況

①外資系サラリーマンYさん（42歳）
②三重県松坂市　鉄骨造（1R）　平成3年築
③地主の自主管理で、塩漬けで募集

空室率

57%
（28戸中16戸空室）

設備を整え、物件の状態をリセット、
賃貸営業マンに物件を覚えてもらう

4カ月で

満室

以後は満室維持、
たっぷりの家賃収入を得て5年後に売却

売却価格

購入時**6800万円**の物件が

1億1000万円に！

①勤務医Jさん（38歳）
②東京都墨田区　RCマンション（3LDK&2LDK）平成5年築
③地元の経営管理会社にて漫然と募集

空室率

42%（12戸中5戸空室）

管理会社&物件名称の変更→賃貸営業マンに再生PR
2LDKにリノベーション中だったが、3LDKでも決まるとわかり、必要最低限のリフォームに

3カ月で

満室

以後は満室維持、たっぷりの家賃収入を得て3年後に売却

売却価格

購入時**9500万円**の物件が

1億4500万円に！

①公務員Oさん（40歳）
②北海道札幌市厚別区　鉄骨造（1LDK）　平成8年築
③購入から半年間、内見すら取れず

空室率

50%（12戸中6戸空室）

ライバル物件との差別化のためペット可にして、
設備を見直す。ペット可は退去抑制にもなった。

1ヵ月で

満室

以後は満室維持、
たっぷりの家賃収入を得て2年後に売却

売却価格

購入時**6800万円**の物件が
9500万円に！

①中小企業社長Uさん（36歳）
②東京都八王子市　SRC造（1R&2店舗）　平成7年築
③高値づかみにより、キャッシュが回らず

空室率

24%（42戸中10戸空室、1店舗空き）

モデルルームの設置&ライバル物件との差別化で入居率アップ。満室対策で入居年数の長期化に成功

4カ月で

満室

以後は満室維持、
たっぷりの家賃収入を得て4年後に売却

売却価格

購入時**2億4800万円**の物件が

3億2800万円に！

①IT系サラリーマンFさん（54歳）
②愛媛県松山市　RC造（1K）　平成元年築
③学生がターゲットのため3月に決まらないと1年近く空室が続く

空室率

33%
（30戸中10戸空室）

ターゲット層を全般的に見直し
閑散期でも決まる物件に変貌

4カ月で

満室

以後は満室維持、
たっぷりの家賃収入を得て5年後に売却

売却価格

購入時**8500万円**の物件が
1億800万円に！

"尾嶋流"満室術＆
売却術とは…

着実な家賃収入
＋
爆発的な売却益

基本的には「保有」で稼ぎ
ベストのタイミングで「売却」！
どちらでも確実に儲ける2点張り投資

はじめに・・・インカムゲインだけで終わるとソンをする

本書を手に取っていただきまして、誠にありがとうございます。
空室対策コンサルタント尾嶋健信《おじまけんしん》と申します。

私は2010年に独立をして以降、実に400人以上のサラリーマン不動産投資家さんに対して、のべ6000件、トータルで5500室を超える空室を満室にして参りました。中には計画通り不動産投資の結果を出し、サラリーマンを卒業された方も多数おります。また、その過程を本の出版を通して公開され、その後、コンサルタントとして独立され成功された方も多数おります。

1997年に執筆されたロバート・キヨサキの「金持ち父さん貧乏父さん」に感銘を受けた不動産投資家がインカムを得ながら物件を買い進めていく……そこにはインカムありきで、売却を前提としていませんでした。それが今までの日本の不動産投資の一般的な考え方でした。

ところが、現在の潮流はそういう状況ではないようです。

私は現在、札幌から熊本まで2500室前後の物件を管理しております。ですが、年間に多い時で500室、平均200室ほど物件が入れ替わっています。

つまり、年間平均8%ほどの不動産投資家さんが売却している、ということです。

売却した不動産投資家さんは、銀行への借金の完済、税金の支払いのうえ、残った資金を元手に次の物件を買い進めて、規模を更に拡大していくのです。中には10億円以上の借り入れをして「メガ大家さん」と呼ばれている人も多数見てきました。

私は空室対策コンサルティングの相談だけでなく、売却の相談も受けるようになり、そのうちに空室を満室にして満室経営を維持しながら、同時に売却のご提案をするというインカムとキャピタルを得る2点張りの投資手法が標準メニューとなりました。

売却の相談を受ける中で感じているのは、1つの指標として2020年東京五輪があるということです。多くの投資家さんは「東京オリンピックまでに売り抜けてキャピタルゲインを得たい」そして、「2020年以降は（新しい物件を購入して）インカムを増やしていこう」と考えています。

そのため、本書では空室物件を満室にして超高値で売却する方法をお伝えします。もちろん売却だけでなく、長期保有を前提とし、より空室を減らして高稼働させたい投資家へ向けての満室ノウハウでもあります。

具体的には物件を購入直後の不動産投資家さんが物件を満室にする（第1部）、その後、満室経営を維持する（第2部）、そして、物件を売却する（第3部）ノウハウを、アパート、マンション、戸建て、区分などどのような不動産でも使えるように分かりやすく書きました。

本書を読むことで何か1つでも学びがあり、実践していただけると嬉しく思います。

目次

ソフトを検証しよう

ハードを検証しよう

マーケティングを検証しよう

2章

決めパターンを持てば退去前に空室は埋まる！

第II部

【退去者を出さない方法　満室対策編】

7章 売却利益のキャッシュで物件を買い進める！

編集協力：布施ゆき
企画協力：小山睦男（インプルーブ）

第I部

空室対策編

ガラガラ物件を満室にする方法

【序章】なぜ空室が埋まらないのか？を徹底的に検証しよう！

40％超え？ 大空室時代の空室対策

まずは、日本全国に蔓延する深刻な空室問題について考えてみたいと思います。

序‐1、序‐2、P22の序‐3は全国の空き家率と関東圏の賃貸物件の空室率を表した推移表です。全体的に右肩上がりなのが見て取れるかと思います。つまり、賃貸物件も空き家もどんどん空室になっていっているのです。一説では全国の空室率は40％を超えるだろうと言われています。

●序 -1（「賃貸住宅市場レポート」2017/3/31）

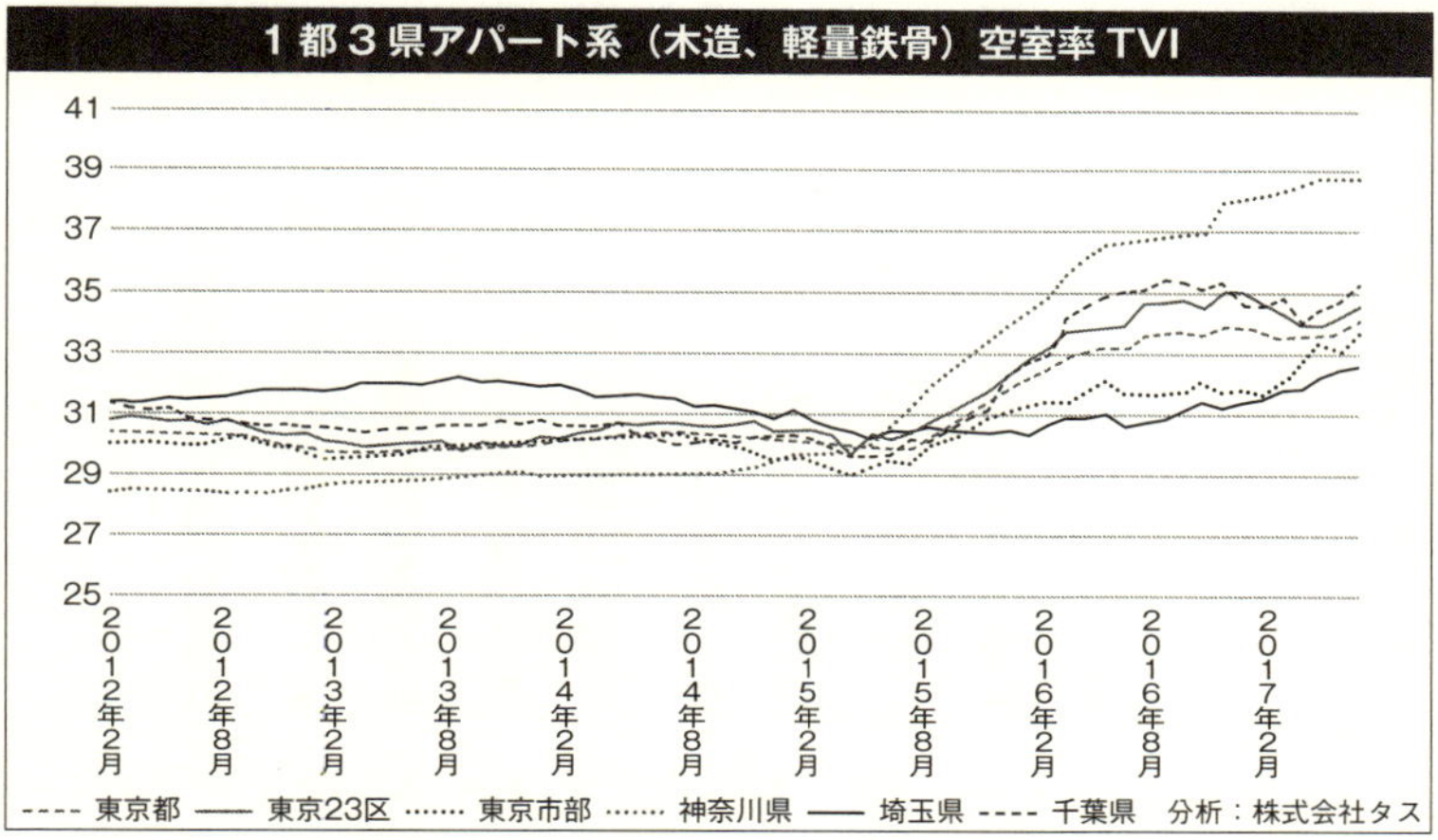

●序 -2（〃）

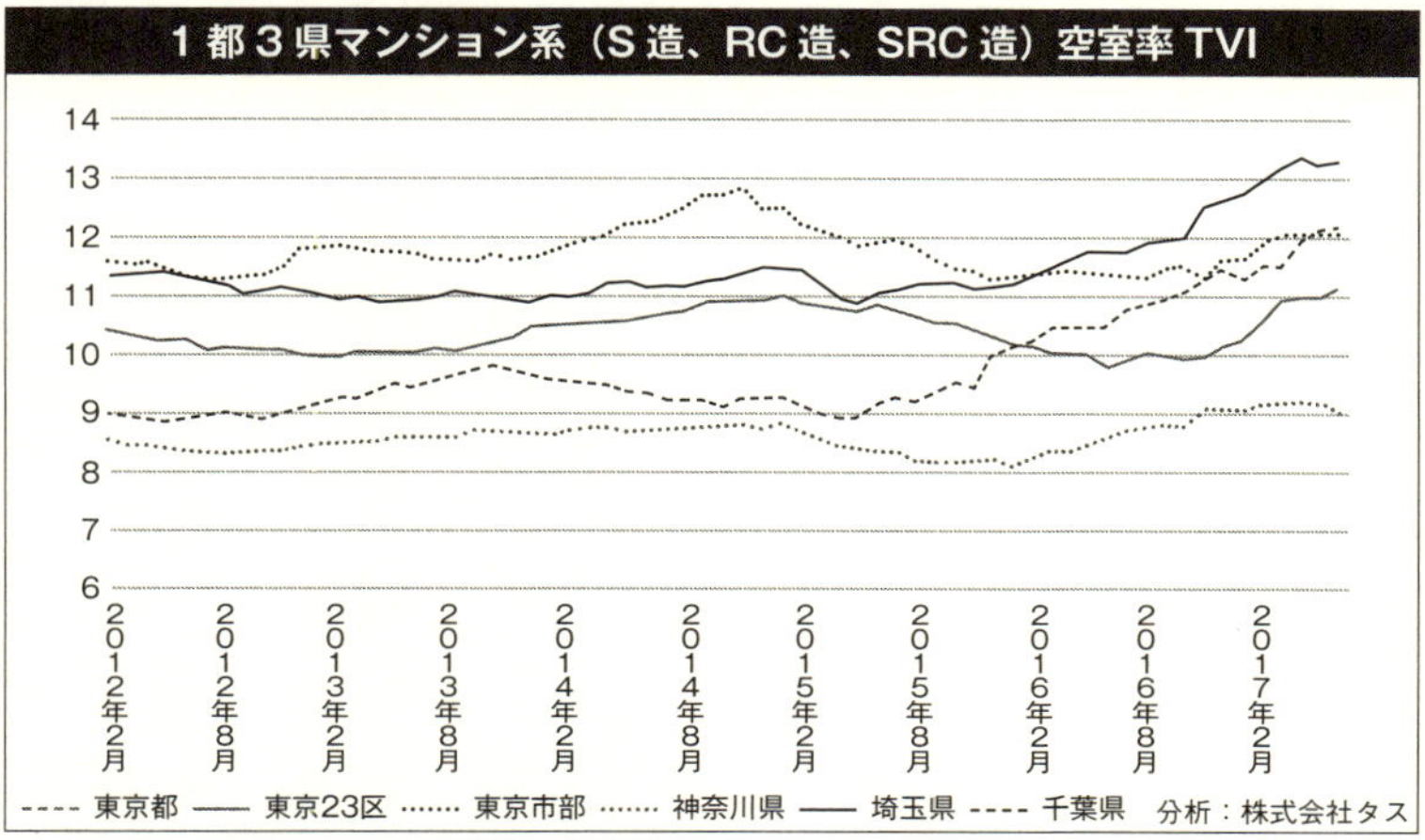

●序 -3【国土交通省「住宅経済関連データ」(平成 27 年度)】

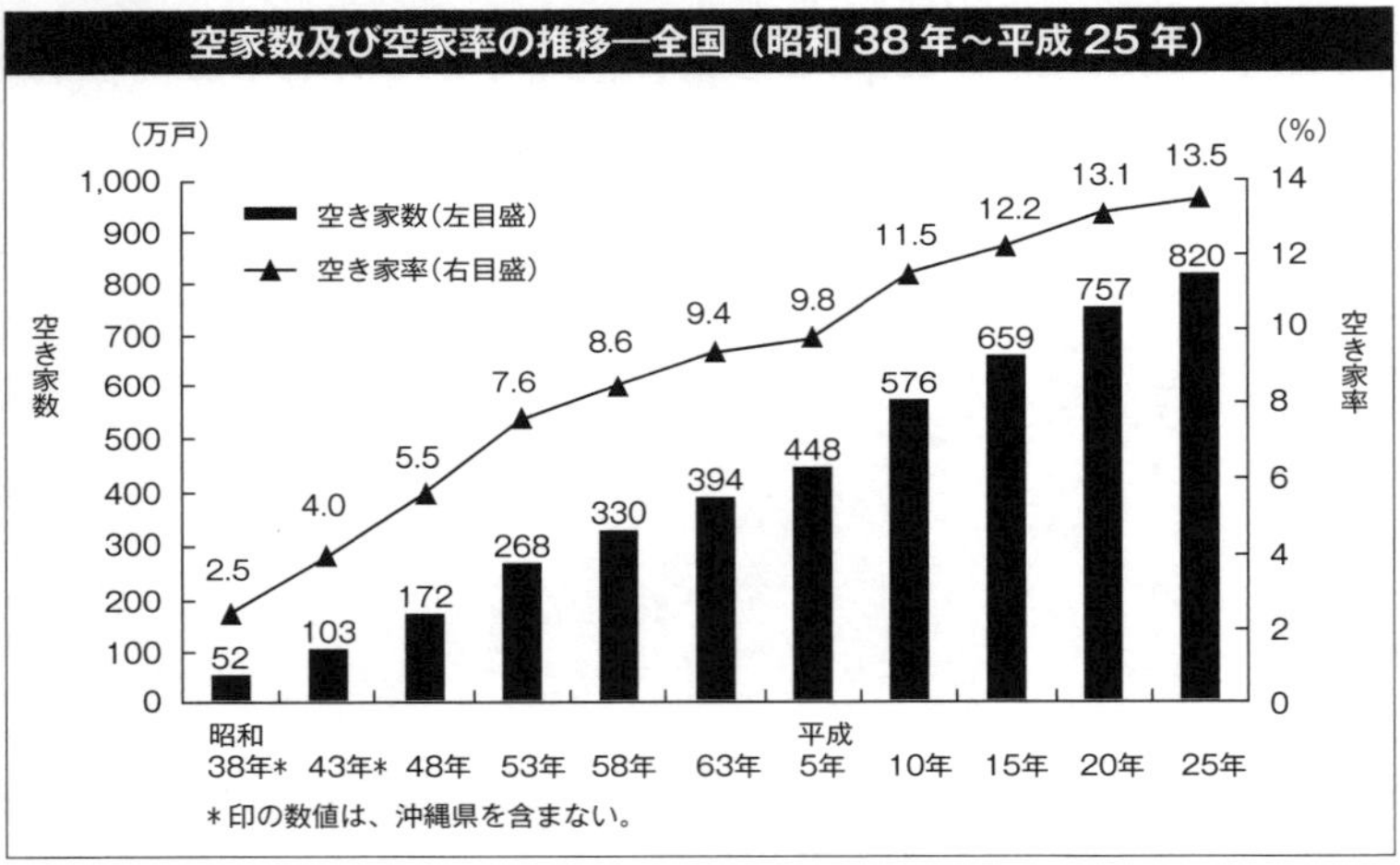

全国の深刻な空き家問題
昭和 38 年より右肩上がりとなっている

●序 -4（2030 年以後は、毎年 100 万人ずつが減少予想）

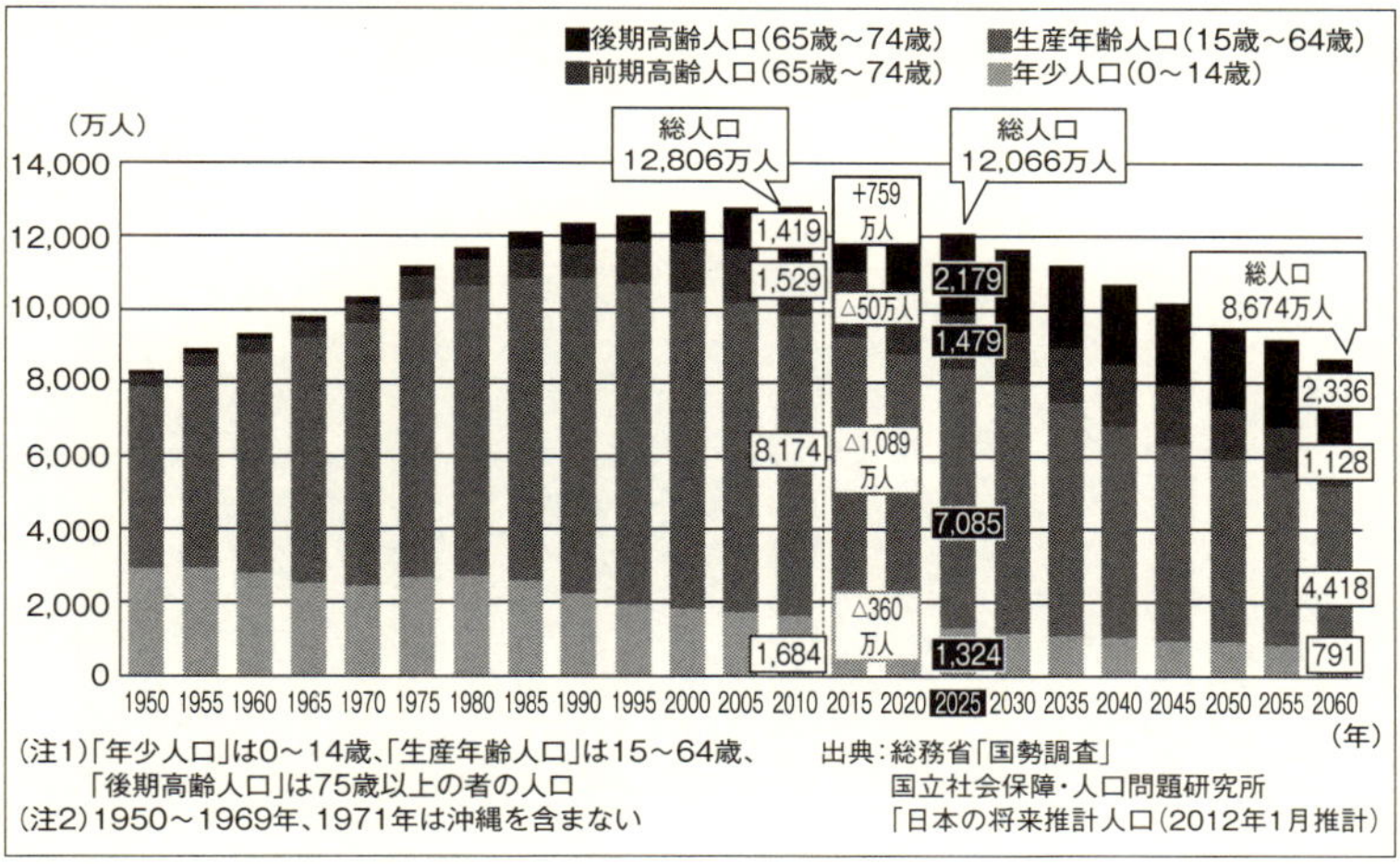

このような空室の理由は主に３つあると考えられます。

１つは、「人口更には世帯数の減少により賃貸住宅の需要が減少したこと」です（序－４）。日本の人口は２０１０年をピークに既に減少期に入り、２０３０年以後は、毎年１００万人ずつの人口が減少すると言われています。

人口が減少しても、核家族化により世帯数が増えておりましたが、こちらも現在は減少しております。

●序-5【国立社会保障・人口問題研究所「日本の将来推計人口」（2012年1月推計）】

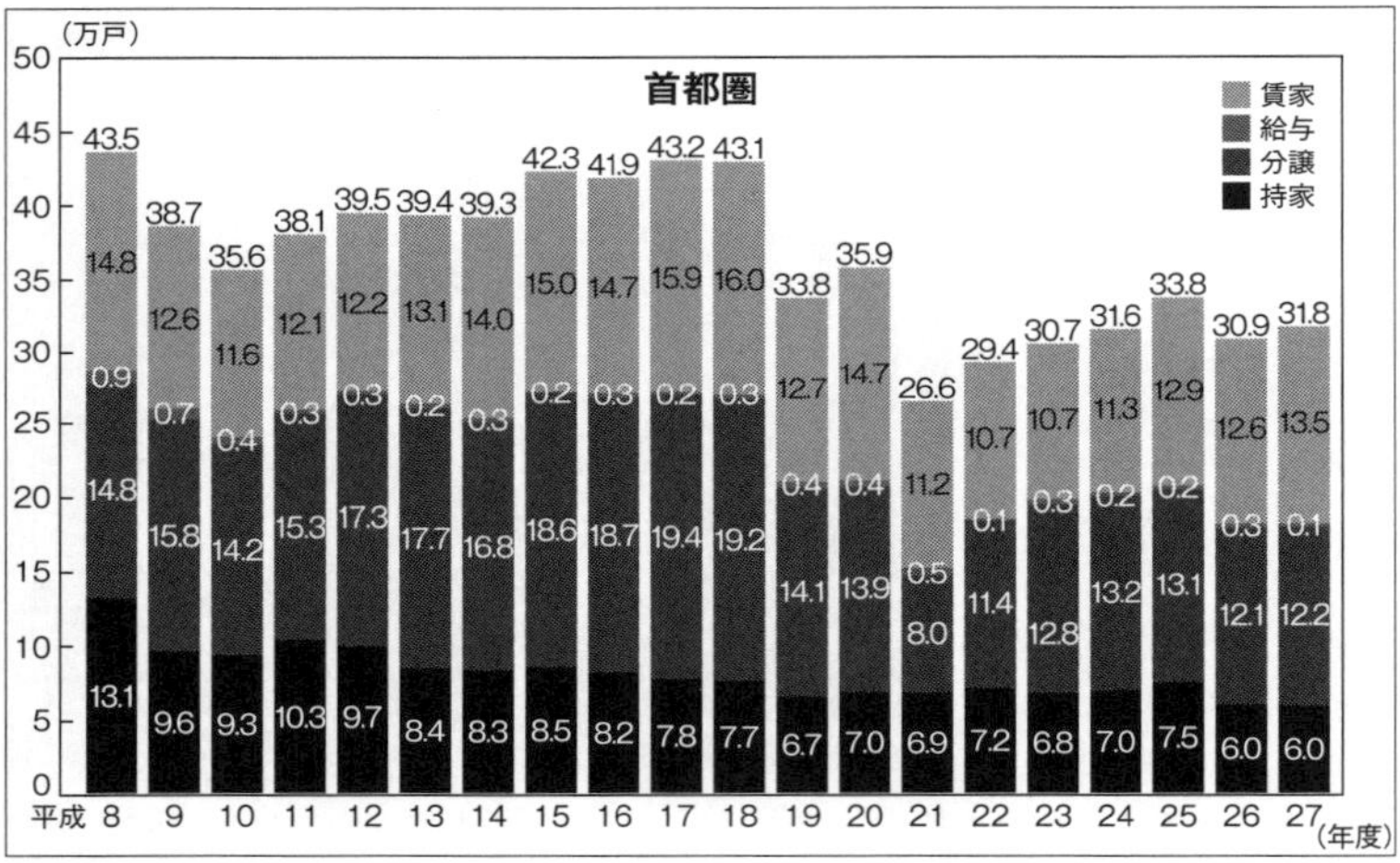

（注1）「年少人口」は0-14歳、「生産年齢人口」は15-64歳、「前期高齢人口」は65-74歳、「後期高齢人口」は75歳以上の者の人口
（注2）1950-1969年、1971年は沖縄を含まない

２つ目は「過剰な新築建設」です。先述したように、人口減少で家を借りるニーズが無いのにどんどん新たに賃貸物件が建設されています（序-５）。

これは、不動産を人に貸すことによって相続税の課税対象の評価額が大きく下がることから、「相続税の節税対策」として地主のニーズがあるのと、新築アパート・マンションを建てることがミッションであるハウスメーカーのニーズ、この２つがマッチしていることが原因です。

３つ目は「大家の努力不足・モチベーション不足」です。

確かに全国の空室物件は増え続けています。しかし、それはアパート・マンションが、1つ目と2つ目の要因により、平均的に空室になっているわけではないのです。

私は全国の空室をコンサルティングしてきましたが、満室稼働している勝ち物件と全空に近い負け物件に二極化しています。これは今後、更に差が開いていくでしょう。しっかりと空室と向き合い、真摯に、愚直に賃貸経営をしている不動産投資家と、そうでない不動産投資家にはっきりと分かれているのが現状なのです。

そして、その負け物件を勝ち物件を経営している不動産投資家が安値で買い再生する……、このような循環が起きている現状があります。

あなたは勝ち物件の不動産投資家になりたいですよね？

だからこそ、本書を手に取られたのだと思います。

それでは、なぜ、あなたの空室物件には入居者が付かないのでしょうか。

まずは、その原因を考えてみましょう。私が多くの大家さんたちと接して感じた空室の原因の根底をまとめると以下につきます。

①　所有物件の所有者としてリーダーシップを持って経営していない
②　現地の管理会社に運営を丸投げしている
③　信頼できるチームができていない

こうした原因を踏まえて、物件成約に至る公式は次となります。

物件成約に至る公式

ハード（物件そのもの）×ソフト（募集条件設定）×マーケティング（情報拡散）×内見者数

ハードとは、文字通りハードウエアのことで、賃貸不動産では、外観、エントランス、ゴミ置き場から部屋の設備内装、リフォームの状態を含めた物件そのものを指します。ソフトに関しては、賃料設定などの募集条件設定です。

そして、物件情報をインターネットに載せ、客付業者にあなたの物件を知ってもらうように情報を拡散させること。これがマーケティングです。

その上で、物件を見に来てくれる内見者が増えないと、成約には結び付きません。おおよその目安ですが、中古物件では5回の内見で1件の成約、新築物件では3回の内見で1件の成約といわれています。

一口に内見者数といっても、じつは内見には2種類があり「意味のない内見」と「真の内見」に分かれます。

真の内見とは、「入居希望者が特定の物件に問い合わせをして、内見した回数」と「営業マンが特定の物件に決めるつもりで、内見者を案内した回数」です。

それ以外は、「意味のない内見」であり、管理会社のパフォーマンスでしかありません。あなたから「なぜ入居者が決まらないのか」と追及されたときのエビデンス（証拠・根拠）です。また、仲介業者の営業マンの立場からすると、他の物件に決めるための「当て馬」として内見していることもあります。

そもそも入居者が引っ越しを決意する理由を考えてみましょう。理由は入居者それぞれがその緊急性も関わってきます。

たとえば、結婚や同棲するために2人暮らしができる部屋に移りたいというケース、あるいは、お子さんの成長や進学を考えて引っ越すというのも動機の1つです。更には最も緊急性の高い事情としては転勤があります。仕事に絡んでいえば、求職中の入居者もいます。

さて、入居者の契約には、先述の緊急性を含めて、次の公式が成り立つと考えています。「希望条件の7割」とは、入居希望者は極めて漠然としたイメージの中で物件を選んでいるということです。不動産業界では、住まいを探すときの希望条件については、住宅売買の場合7~8割の条件を満たしていれば購入するといわれ、賃貸の場合は6~7割くらいといわれています。

緊急性を含めた成約に至る公式

緊急性×希望条件の7割×営業マンの論理を超えたパッション

更に、賃貸営業マンの力もあなどれないものです。入居希望者は不動産業者を何店舗か回ると、営業マンの印象を覚えます。そして物件の印象と合わせて、営業マンの印象で決めている部分があります。

基本的には、成約の決め手は「物件の力」ですが、じつは営業マンの手腕がものをいうケースも多いのです。数多くの入居希望者と接している営業マンは、「この入居希望者には、あの大家さんの物件が合っている」という直感が働きます。

入居希望者にどんな物件が希望なのか、ヒアリングをしながら大家さんの物件、大家さんの顔を思い浮かべ複数の候補を出します。そのとき、希望と完全に合致しなくても物件を勧めるケースもあるのです。

「条件通りの設備ではないけれども、静かな環境で駅にも近いですよ」「キレイに修繕された部屋ですよ」と入居希望者の背中を押すのです。

この場合、入居希望者のことを考えずに、強引に決めさせる営業マンは論外ですが、信頼された営業マンであれば、入居希望者も納得の上で、成約につながる確率は高まります。

空室が決まる要素「満室トリガー」とは?

物件成約に至る公式として、「ハード×ソフト×マーケティング×内見者数」の掛け算について説明しました。空室を埋めるためには、それらの相乗効果が必要です。

そしてひと口に「ソフト」といっても、「募集条件の設定」「対象入居者」「物件の名称」などといった、さまざまなパーツから構成されます。

そのパーツを本書では、「満室トリガー」と呼びます。「トリガー」とは「引き金」のことで、そこから派生して、ある出来事や反応を引き起こす「きっかけ」「要因」を意味します。つまり、「満室トリガー」とは、満室を引き起こすきっかけのことです。

さて、ここでお気づきでしょうか?

この「満室トリガー」は、空室を埋める確率を高めるために存在します。私自身は「実は空室対策は確率論なのだ」と考えています。感性ではなく理屈で埋める空室対策なのです。

本書では、感覚で埋めるという考え方は一切排除した確率論による空室対策を提唱したいと思います。

空室を埋める「満室スターチャート」

ここまで理解してもらったところで、あなたの空室物件を感性ではなく理屈で満室にする「満室スターチャート」を紹介します（P33の序-6）。

このチャートは、「ソフト」「ハード」「マーケティング」「大家力」「チーム力」の5つの要素で成り立っています。その5つの要素が、あなたの空室物件を満室にするのに必要なパーツです。

次章からは、「満室スターチャート」を構成するパーツである満室トリガー1つ1つを、具体的に解説していきます。

また、私が実際にコンサルティングをした事例も随所に紹介しますので、併せて参考にしてください。

第1部を読み終える頃には、あなたの賃貸経営事業者としての空室対策の知識は蓄積されていき、その知識を実行に移すことで、満室が望めるはずです。どうぞ、賃貸経営事業者としてより大きな成長を目指し、次からの章を楽しみに読み進めてください。

●序 -6（満室スターチャート）

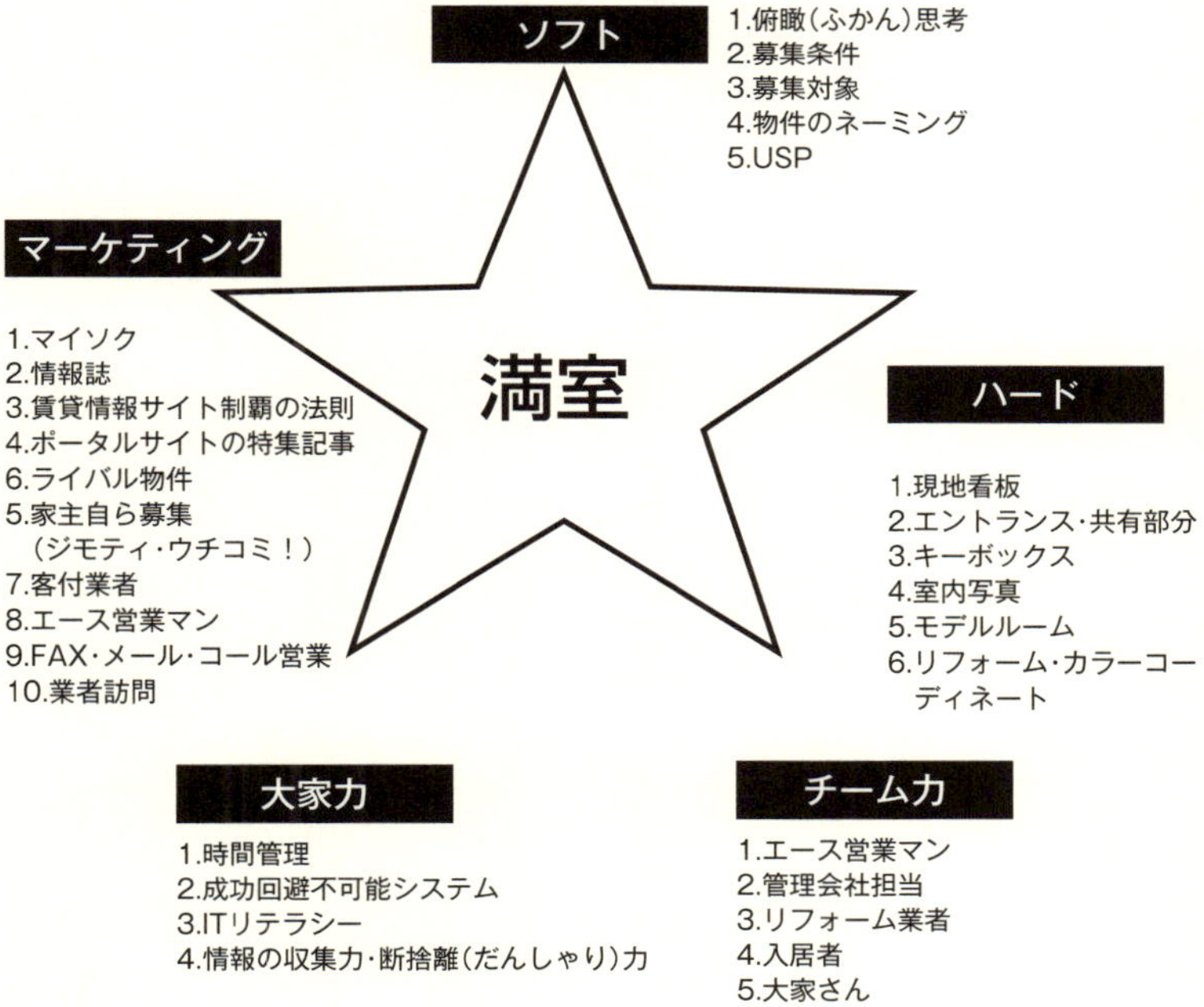
満室
ソフト
1.俯瞰（ふかん）思考
2.募集条件
3.募集対象
4.物件のネーミング
5.USP
マーケティング
1.マイソク
2.情報誌
3.賃貸情報サイト制覇の法則
4.ポータルサイトの特集記事
6.ライバル物件
5.家主自ら募集
（ジモティ・ウチコミ！）
7.客付業者
8.エース営業マン
9.FAX・メール・コール営業
10.業者訪問
ハード
1.現地看板
2.エントランス・共有部分
3.キーボックス
4.室内写真
5.モデルルーム
6.リフォーム・カラーコーディネート
大家力
1.時間管理
2.成功回避不可能システム
3.ITリテラシー
4.情報の収集力・断捨離（だんしゃり）力
チーム力
1.エース営業マン
2.管理会社担当
3.リフォーム業者
4.入居者
5.大家さん

【1章】満室スターチャートを使って空室をなくそう！

満室スターチャート（記入編）

さて、ここでは実際に満室スターチャートを書きながら（1‐1）、あなたの空室を埋めるお手伝いをしていきたいと思います。満室スターチャートは以下のような手順で書いていきます。

①まず、満室スターチャート作成用紙を用意します。そこの星の中央に「空室を埋めるぞ！」と決断して「満室」と書きます。

● 1-1（上図を参考に下図に書き込んでください）

■満室スターチャート（サンプル）

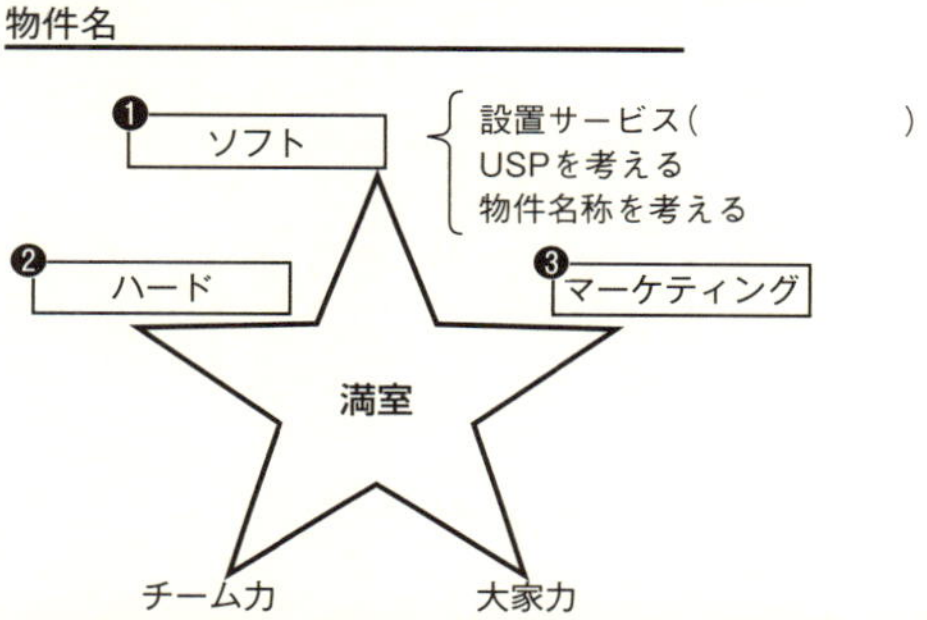

■あなたが書く満室スターチャート

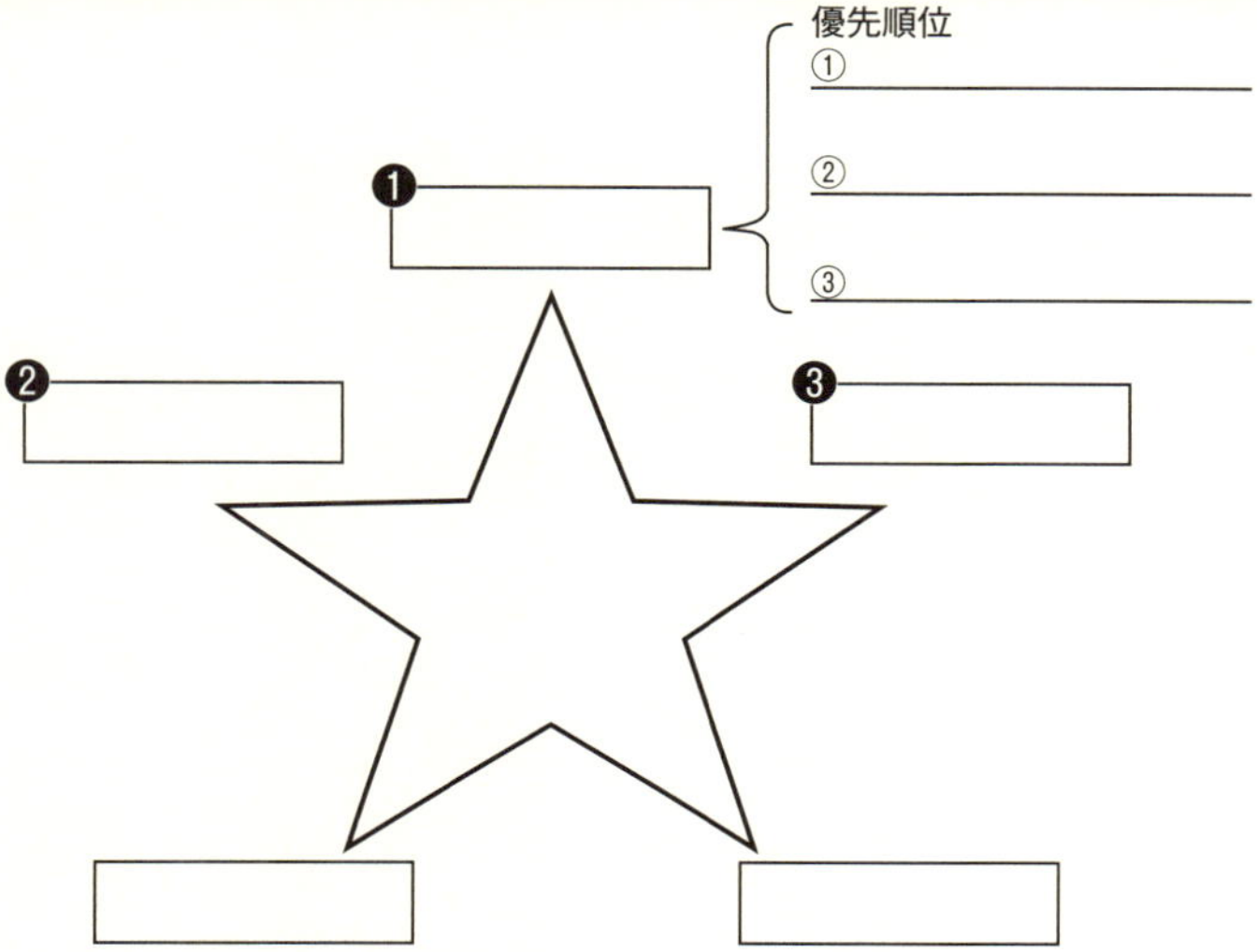

②次に左下に「大家力」と書きます。「大家力」と書きながら、「自分は必要な情報をポジティブに取り、かつ時には情報の遮断も行っている大家力があるか」と振り返りながら書くとより意識が高まります。

③次に右下に「チーム力」と書きます。「チーム力」と書きながら、「現在空室で困っているこの物件には、エース営業マンがいるか？　管理会社の担当者とは、パートナーとしての良好な関係が築けているか？　困った時にすぐ動いてくれるリフォーム業者はいるか？」と考えます。

自分には「大家力」と「チーム力」がない！　と分かっても、すぐにこの2つの問題は解決しません。いずれも、経験や人間関係の結果できあがっていきます。今すぐ空室を埋めるヒントになるものではなく、長期的な視点で改善していきます。

むしろ、「ソフト」「ハード」「マーケティング」の取り組みをしていくことで考えていくものです。そのため、ここでは、その3点に絞って考えていきます。

ここからは、あなた自身が、現在空室で困っていることに対して、どこまで真剣に考えるか向き合う段階に入ります。

まず、「ソフト」「ハード」「マーケティング」のうち、自分の物件で一番力を入れるべきものは何か、を考えて、順位づけをしていきます。たとえば、第1位ソフト、第2位ハード、第3位マーケティングと順位づけします。

ここで、「それが分からない」という不動産投資家の方もいらっしゃると思いますが、実はそれこそ物件と向き合っていない証拠です。何が問題なのか振り返ってみましょう。

順位づけができましたら、満室スターチャート作成用紙の（1）に第1位のもの、（2）に第2位のもの、（3）に第3位のものを記入します。

次に第1位で選んだものに限定して、「満室トリガー」をチェックします。第1位が「ソフト」であった場合は、「俯瞰《ふかん》思考」「募集対象」「募集条件」「物件のネーミング」「USP」をチェックします。

そして第1位に選んだものの「満室トリガー」で最も大切、と思われるものを3つに絞って、満室スタートチャート作成用紙に記入します。

なぜ3つに絞るのか。それは時間もないのにあれやこれや手を出して、中途半端な空室対策で終わっている場合が多いからです。そのため、まずは3つに限定したうえで、徹底的に対策するのです。

いかがでしょうか。この時点で満室スタートチャート作成用紙はすべて埋まっているはずです。それでは次に進んでいきたいと思います。

第1位で選んだ満室トリガーと、第2位・第3位で選んだ満室トリガーを1つ1つ比較して、第1位から選んだこの3つに絞って対策をして本当にいいのかを熟考します。もし、変更すべきと思ったものは、第1位で絞ったものの中から、1つを削除し差し替えます。

この時のポイントは「すぐに対策できるものを優先すること」です。すぐに対策できるものを1つ1つ確実に対策していきましょう。中には第1位で選んだものの3つとも変えてしまう場合もあるでしょうが、それはそれで問題はありません。

そうして最終的に3つに絞ります。これで満室スターチャートは完成です。後は、実践あるのみです！

自分に大家力とチーム力があるかを検証しよう

私は、多くの大家さんたちのコンサルティングをした経験から、ある事実が見えてきたと感じています。それは、満室になるには「沸点」があるということです。

「沸点」というのは、空室対策を正しくアプローチし続けた結果、急に内見回数が増えるタイミングを指します。ハードとソフトとマーケティング、これらの歯車が噛み合ったとき、内見回数に反映されるようになります。しかも、その回数はぽつぽつと増えるのではなく、あるとき急激に増加するのです。

続いて満室トリガーを駆使するために必要なのは「大家力」です。

大家力とは不動産経営の「基礎体力」であり、スポーツでも基礎体力がないと、その上達はおぼつかないでしょう。不動産経営を行うにも「大家力」という基礎体力がないと、満室トリガーを活かしきれません。

大家力1　時間管理

サラリーマン大家さんに多いのですが、時間と手間をかけられず、空室が埋まらないケースがあります。それには、時間管理が重要です。

【活動予定の例】
・毎月1～10日は家賃滞納の確認をする
・15日前後に、家賃収入やかかった経費をまとめて、税理士への提出書類を準備する
・週末には、空室対策のため管理会社と仲介業者の訪問を予約しておく
・会社から帰宅後は、賃貸不動産のポータルサイトをチェックして購入を検討する

大家力2　成功回避不可能システム

成功回避不可能システムとは「成功から逃げられないシステム」を自分自身で組むことを言います。多くの自己啓発本では成功に導く法則として、次の2つに大別できます。

・目標を決めて行動する
・問題点を見つけて解決する

どちらも確かな意見で正しいように感じますが、この2つの方法を実践するには自分で自分をコントロールしなければなりません。でも、自分をコントロールするというのは意外に難しいものです。

私たちは、何かと「やらない理由」を見つけたがるものです。そこで、やらない逃げ道を断ち切るために、「成功回避不可能システム」を取り入れてみてください。

不動産経営でいえば、家族でも大家さん仲間でもいいので、あなたが約束したことを裏切れない相手、あるいは、守れない約束をしたら格好がつかない相手に対して宣言します。そうして自分がすべきことから逃れられない状況をつくり出していくのです。

これは、相手に対して告げていながらも、じつは自分との約束です。「今月中に業者回りをします」「今週中にリフォームの手配をします」など、自分が約束したことを実行せざるを得ない状況に、自分を追い込んでいってください。何も宣言しなかったときよりもずっと真摯に取り組むことができるはずです。

大家力3　ITリテラシー

インターネット、スマートフォンはもはや日常生活の一部となっています。これからは、スマホを使いこなせる不動産投資家とそうでない投資家は致命的な差が出るでしょう。

私のコンサルティングの現場でも、スマホで物件の写真・動画を撮影して、すぐアプリで画像を加工して、その場から私のＬＩＮＥに報告してくる不動産投資家もいれば、１週間後くらいに報告してくる不動産投資家もいます。

現場からスマホで報告を行い、その場で私のコンサルティングを受けた不動産投資家はそのまま業者回りに行き、加工した写真・動画をすぐ業者に渡すことができるのです。

一方、１週間後くらいに報告してくる不動産投資家の場合、業者に写真・動画を渡せるのは、更にそれ以降になるため、機会損失となっていることは間違いありません。
また、現状で内見希望者の多くが、スマホアプリから物件を検索し、問合せをしています。そのため、不動産投資家自身もスマホアプリで物件を検索できなければ、スマホで自分の物件がどう見られているか分からない、というわけです。

つまり、年齢に関係なくＩＴを自由に使いこなせる「ＩＴリテラシー」は、今の時代、必要不可欠の能力です。もし、自分がＩＴを習得するのに、時間がかかると思うようであれば、使いこなせる人材を探して、お願いしていくべきでしょう。

次に大家さんがＩＴリテラシーを意識する上で、確実に押さえておいてほしいものをご紹介します。

①スマートフォン

もはや、日常生活の一部です。私も最近はＰＣを立ち上げない日も多いです。スマホを使う時の注意点としては、あまりに便利すぎるために依存し過ぎないことです。利用する際の自分なりのルールを確立するべきでしょう。

②SNS電話・ZOOM（ズーム）・スカイプ

インターネットを介した音声通話サービスは音声もクリアでしかも無料です。インターネットさえ使えれば、全世界で使えます。SNS電話は、LINEやFacebookが実に手軽で便利です。

ZOOM（ズーム）は他のインターネット音声通話サービスと比べると音声がとてもクリアでまず途切れません。今後、間違いなく広まっていくでしょう。

スカイプはインターネット音声通話サービスの元祖ですので、既に登録している人が多いですし、固定電話に一定額で通話できるというのも魅力の1つです。

③インターネットFAX

電話回線やFAX機を使わずに、インターネット回線を使ってFAXを送受信するサービスがあります。私は「eFAX」というサービスを愛用しています。FAX機であれば、紙で送受信しなければならないですが、データであればパソコンに保存しやすく便利で検索性にも優れています。

初期費用や月額コストがかかるところもありますが、かかっても月額1000円程度のコストでできますのでお勧めです。

現在ですと、探してみればもっと便利でコスパのよいインターネットFAXサービスがあるかと思います。不動産業界はいまだにFAXが主流の業界です。そのため、インターネットFAXサービスは必要不可欠のツールだと言えます。

大家力4　情報の収集力・断捨離《だんしゃり》力

不動産投資家は情報感度が高くなければなりません。ネットとリアルで情報を収集する力はとても大切です。また、現代は、情報があふれかえっていますので、自分に不必要な情報、疑わしい情報は切り捨てる力、断捨離力も必要となるでしょう。

①メルマガ・ブログ・SNS

インターネットから得られる情報は、ほぼすべて無料です。情報発信者と気軽にコミュニケーションも取ることができます。

②本・業界新聞・雑誌

本はインターネット情報に比べノウハウが体系的にまとめられているのが特徴です。先輩大家さんの成功体験を追体験できます。今までの取り組みをわずか1500円前後の投資で学べますので、とても効率がよい投資です。

業界新聞や雑誌はさまざまな最新情報が体系的にまとめられていますので、多くの生きた情報が入手できます。

③塾・セミナー・勉強会

①と②で情報発信されている不動産投資家とリアルに会え、懇親会では参加者からリアルな実践の話が聞けます。リアルセミナーに参加するというのは、最高の投資だと私は思います。

ソフトを検証しよう

続いては、序章でも概要を述べた「満室トリガー」に基づいて解説してきます。

満室トリガー1　俯瞰《ふかん》思考

賃貸物件という「商品として見た場合のアパマンの一生」について説明します。アパマンの商品歴としては先述したように、「新築・築浅」「中古」「老朽化」と3つのカテゴリーがあります。

①新築・築浅物件（1～5年）

かつての築浅物件は1～10年を指しましたが、ポータルサイトの検索条件欄などを見ても、今は1～5年が一般的です。築1～2年には人気があっても、3～4年経てば需要が目減りしていきます。

②中古物件（6～30年）

物件価値が落ちたら「中古商品」という切り口で商品アイデアを考え、人気を再び盛り立てていく必要があります。簡単にできる手立てとして「初期費用の減額」「家賃を下げる」作戦があります。

③ 老朽化物件（30年超）

老朽化する前に物件を大幅リフォームして価値を高める方法もありますが、それには多額の投資費用が発生します。ここでは、あまり費用をかけない作戦についてお話ししていきます。

基本は初期費用を下げ、間口を大きく広げて募集することです。高齢者や外国籍、生活保護受給者を取り込んでいきます。意外にも、一度入居者が決まると満室続きなのが老朽化物件の特徴です。

次に、賃貸市場におけるポジションを考えます。

あなたの物件が3つの「アパマンの一生」という商品サイクルの中で、「今どれくらいの商品価値があるのか」を把握することです（次ページ1－2）。

たとえば、あなたが築15年のアパートの大家さんで、入居付けが以前より難しくなったとします。

賃貸マーケットでは中古物件が一番のボリュームゾーンです。たくさんある中古物件の

● **1-2**（何もしないと商品価値は下がる一方）

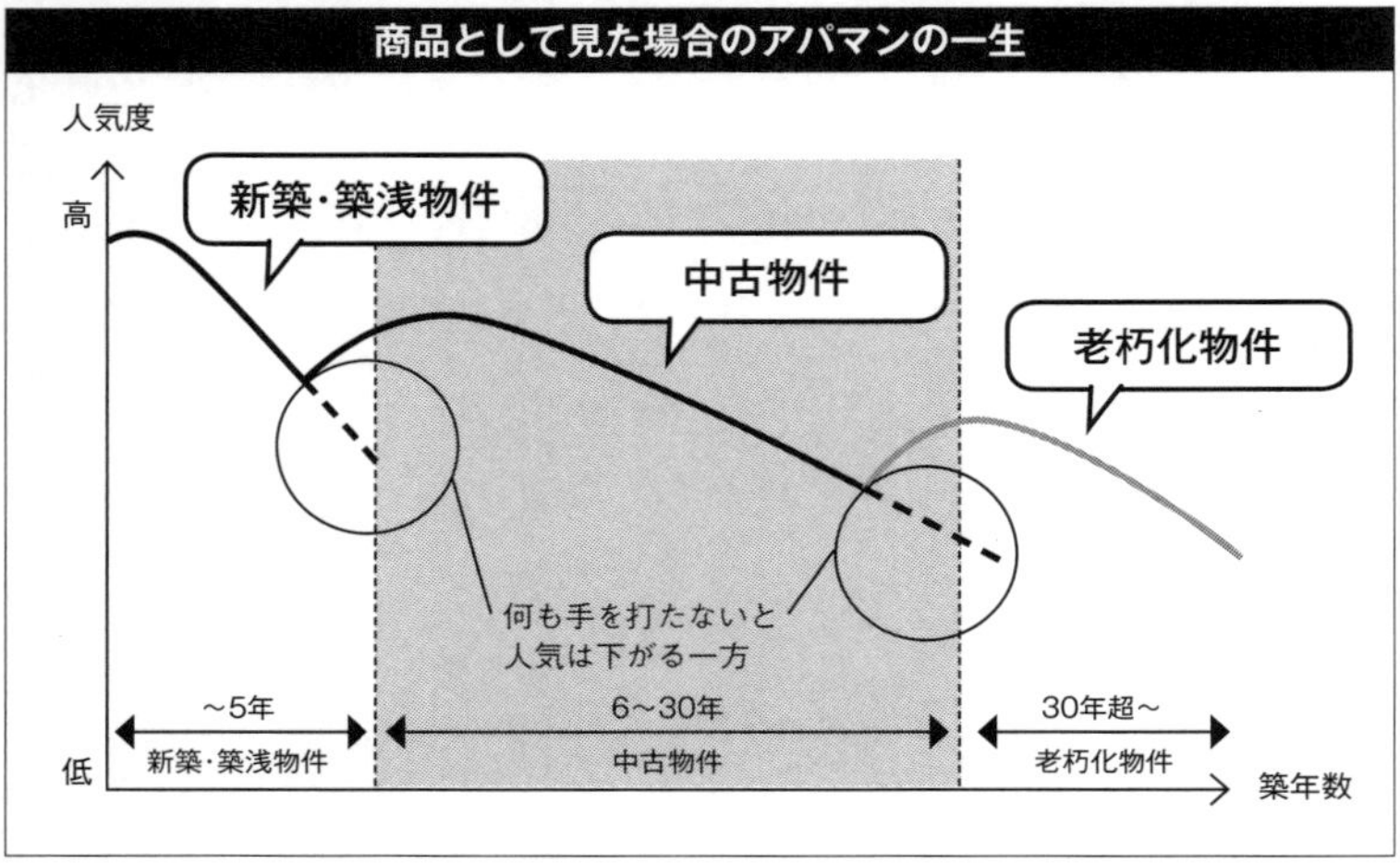

中から、どうすれば自分の物件が選ばれるのかにフォーカスします。

同エリアや他のエリアのライバル物件がどんな募集条件にしているのか？　築15年の自分の物件はどんな募集条件が考えられるだろうかと調査や試行錯誤を重ねていくうち、「中古市場のよくある物件」ではなく、「老朽化市場では比較的新しくきれいな物件」という位置づけにしたほうが得策の場合もあります。

答えを導き出すためには、自分の物件が現在どのマーケットにあって、空室を埋めるためにはどういうアプローチが必要なのかを「俯瞰」で見る目が必要です。

● **1-3**（募集条件で検討した10の要素）

①敷金ゼロ
②礼金ゼロ
③仲介手数料ゼロ
④フリーレント（家賃無料期間の設定）
⑤期間限定キャンペーン（月内契約でテレビをプレゼントなど）
⑥火災保険料の無料
⑦滞納保証料の無料（連帯保証人なし）
⑧引越し費用サービス
⑨更新料ゼロ
⑩設備サービス（新設エアコンなど）

満室トリガー2　募集条件

募集条件を決定する上で最も大切なのは賃料決定です。昨今は不況を反映して、賃料や初期費用の安い物件ほど入居者が決まりやすくなっています。

むやみにディスカウントする必要はありませんが、やはりお得感があったほうが選ばれる確率は高まります。

次に、「募集条件で検討したい10の要素」を挙げましょう（1－3）。

では、あなたの物件の募集条件を決定するのに、どういう手順を踏めばいいかを解説していきます。ここでは、相模原市の中古ＲＣマンションをコンサルティングした時の募集状況を類例に見ていきます。

①対象物件と同エリアで同種同規模のものを検索

賃貸物件のポータルサイトで、次のような物件について検討してみましょう。調べる際には、ＳＵＵＭＯの「賃貸経営サポート」(https://www.suumo-onr.jp/)、LIFULL HOME'Sの「見える！　賃貸経営」(http://toushi.homes.co.jp/owner/) が大変参考になると思います。

例をあげましょう。あなたの物件が次のような条件だとします。

・築23年の中古ＲＣマンション、20㎡
・家賃5万円
・敷金・礼金各1ヵ月

②対象物件の一覧と募集条件を比較する

検索した対象物件の一覧から他の物件、あなたの物件との差を比較して洗い出すと、多くは、以下の条件であったとします。
・敷金1ヵ月・礼金0
・賃料設定は、共益費込みで家賃4万5000円

③他物件と比較して、改定すべき募集条件を決める

あなたの募集条件も、ライバル物件と肩を並べるために改定してここでは、礼金は1ヵ月から0に、家賃は共益費込みで4万5000円に下げます。

更にこの「募集条件で検討したい10の要素」も取り入れて、ライバル物件に差をつけます。ここでは、フリーレント1ヵ月と新品のエアコンを用意しました。

他物件と比較する時のポイントですが、SUUMOやLIFULL HOME'S、アットホームといった総合ポータルサイトが選択肢として提示している設備を、そのエリアではどの程度そろえていくことが標準なのかを見ることです。

インターネットで選ばれるためには、設備項目を攻略することも非常に大事なのです。

④どの部屋から決まるか検証する

一般的に、部屋は1階よりも5階などの高層階の方に人気があり、賃料も高く設定できる傾向があります。

ですから、対象物件の募集状況で上の階から決まっていく場合は、上階の募集賃料がエリア相場よりも低い可能性があります。つまり、周辺のライバル物件の5階やそれに近い階と比べて、対象物件の賃料が安いため人気が出た可能性が高いわけです。

これが、4階や2階などの賃料を見直す1つの基準になります。ただし、エレベーターがない物件は、必然的に2階から決まる確率が高いといえます。

⑤空室の各部屋に点数づけをする

部屋ごとに差別化できる要素をピックアップして、点数づけをしてみます。この時に、1ポイントを家賃1000円分くらいで考えるといいでしょう。

差別化できる要素としては、方角、階数、日当たり、角部屋か、グレードの差はあるか、などになります。家賃は共益費込みで4万5000円。これを基本家賃として、点数づけを元に募集家賃を決定します。

⑥共益費の金額を決定する

次に基本家賃が4万5000円の場合、家賃と共益費のパターンをわかりやすくするため、少し極端に書きます。

パターンA　賃料42000円　共益費3000円
パターンB　賃料40000円　共益費5000円
パターンC　賃料38000円　共益費7000円

このように様々な賃料と共益費の割り振りが考えられます。
ポータルサイトでは賃料のみで検索される場合なら、パターンCの方が3万円台を希望されているお客様も取り込める、という考え方もあります。

⑦募集条件を変更して埋まる部屋の順番を検証する

条件変更をしてからも埋まっていく部屋のプロセスを検証し、必要があれば再度、募集条件などを見直すようにします。

⑧担当者に意見を聞く

あなたが考えた募集条件について、不動産管理会社の担当者に聞く、あるいは何も言わずに、「どんな条件なら決まりやすいのか？」と、リサーチするのもいいでしょう。

⑨募集条件が適切か意見を聞く

更に仲介業者の賃貸営業マンにも、管理会社の担当者と同様に、どんな条件に人気があるのか、自分の募集条件は適切なのかをリサーチします。

最終的な募集条件は大家さんが決め、それを不動産管理会社の担当者や仲介営業マンに伝えます。

● 1-4（相模市中古ＲＣコンサルティング時の例）

●相模原市RCマンション現状空室の募集状況（基本家賃設定後）

501 号室	502 号室	503 号室	505 号室
45,000 円（共益費込）	居住中	居住中	居住中
401 号室	402 号室	403 号室	405 号室
居住中	居住中	45,000 円（共益費込）	45,000 円（共益費込）
301 号室	302 号室	303 号室	305 号室
居住中	45,000 円（共益費込）	居住中	45,000 円（共益費込）
201 号室	202 号室	203 号室	205 号室
居住中	居住中	45,000 円（共益費込）	居住中
101 号室	102 号室	103 号室	105 号室
45,000 円（共益費込）	居住中	45,000 円（共益費込）	居住中

●相模原市RCマンション点数表（1ポイントを1,000円と仮定）

	基本家賃	階数	角部屋	日当たり	内装	合計	点数表に基づく家賃
501号室	45,000	+2	+1	+1	+2	+6	51,000
405号室	45,000	+1	+1	-1	±0	+1	46,000
403号室	45,000	+1	±0	-1	+1	+1	46,000
305号室	45,000	±0	+1	-1	+2	+2	47,000
302号室	45,000	±0	±0	±0	±0	±0	45,000
203号室	45,000	±0	±0	-1	±0	-1	44,000
103号室	45,000	-1	±0	-1	+2	-2	43,000
101号室	45,000	-1	+1	-1	±0	-1	44,000

※エレベーター有　※3,5号側日当たり悪し　※内装はアクセントクロスの導入、設備の新設などで判断

マンション外観

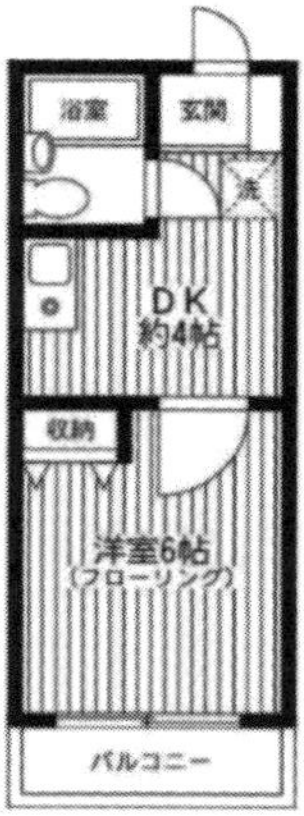

マンション見取り図

満室トリガー3　募集対象

物件の経年変化が進むにつれ、募集対象の間口も広げることを考えなくてはいけません（1-5）。それにより入居希望者を増やし空室の解消につなげます。

現代は、入居希望者がサラリーマンの場合、突然リストラされて無職になり、その後なかなか定職に就けない事態も起こり得ます。

大企業に勤めて収入の良い人であっても滞納するケースがありますし、その一方で無職無収入でも、なんとか工面して家賃を払う人がいます。

結局、住む人の人間性次第です。イメージする理想の募集対象者が必ずしも滞納しない保証はなく、今後もいい属性であり続ける保証など、どこにもないのです。

極論をいえば誰しもが生活困窮者になり得ます。属性だけで判断すると空室を生み出す結果につながるかもしれません。

● 1-5（募集対象の検討例）

①ペット可
②ワンルームに２人入居
③日本国籍以外の人
④水商売
⑤フリーター
⑥生活保護受給者
⑦高齢者
⑧母子家庭
⑨ルームシェア
⑩短期貸し（マンスリー・ウィークリー）・民泊
⑪店舗・事務所

続いて「経営方針」と「審査基準」を決めます。

入居希望者が生活困窮者だと、これまでなら家賃滞納を予想して断るケースが多かったのではないでしょうか。

しかし、あなたの経営方針、審査基準に沿って、「この人であれば、受け入れよう」と決めたなら、契約面で「どのようにアレンジしていくか」がポイントになります。その１つに定期借家契約があります。短期で契約を結び「実績を積んでから正式に契約する」や り方も考えられます。

他にも、募集対象の間口を広げる方法とし

てAirbnbを代表とする民泊を使った空室対策もあります。自ら行うことでコストを下げて、部屋を貸し出すことができます。そもそも民泊は短期間滞在ですから、空室期間中だけの活用も可能です。とくに民泊と賃貸経営は表裏一体です。賃貸経営で動きがない閑散期は、民泊にとっても繁忙期となり、高く貸せるチャンスです。

満室トリガー4　物件のネーミング

物件のネーミングは物件によってはとても大切と言えます。

旧名称の物件の評判が賃貸仲介業者にすこぶる悪く、大規模修繕や室内リノベーションを予定しているのであれば、物件のネーミングを変更することは必須と言えるでしょう。

物件名称をつける時の考え方としては「入居者のエゴを満足させるためにある」ということを考えて、つけた方が良いです。住所を記載する機会があればその都度書きますし、年賀状などの郵便物にも明記するものです。そのためにも入居者のエゴを満足させる名称にしなくてはならないのです。

現在の物件名称はすでに英語が一般的なため、飽きられやすく可もなく不可もないネーミングが溢れかえっています。できればイタリア語やフランス語のほうが、入居者さんにとっての満足度は高くなることでしょう。

続いて、ネーミング検討の具体的な方法です。

個人情報法保護の観点から、また将来的な売却に際しても、あなたの名前を付けることはマイナスになることはあれど、プラスに働くことはまずありません。プラス面を強いて挙げれば大家さんのエゴを満足させるだけで、基本的に名字を使わないほうが無難です。

やはりイタリア語かフランス語がお勧めで、「アパート」「コーポ」といった略語も含め英語は使わないようにします。これは私論ですが、フランス語にはエリア名を付けず、イタリア語にはエリア名を付けるほうが収まりがいいと思います。

大家さんによって理由はさまざまですが、「賃貸経営事業をする目的・志・思い入れ」をひと言で表現します。このひと言を「プレミス」（趣旨・テーマ）といいます。自身の物件に対する思いを込めた「プレミス」を考え、そこから物件名称に変換していくのもお勧めです。

たとえば「幸運を引き寄せるマンション」にしたいという思いから、「幸運」をプレミスとして考えます。「幸運」は英語で「フォーチュン」ですが、これでは一般的です。そこでイタリア語に変換すると「フォルトゥーナ」となり心地よい響きになります。フランス語なら「ボナール」と、こちらも悪くないと思います。こんな形で物件名称を作成していきましょう。

①日本語で「プレミス」を考える

まずは日本語で「プレミス」を考えます。そのひと言を、グーグル翻訳でイタリア語やフランス語に変換します。

②何案か作成したら、異性や友人に話を聞く

作成した物件名称について、異性や友人に意見を聞きます。大家さん仲間でもけっこうです。ただし意見を鵜呑みにするのではなく、あくまで参考にするスタンスです。その上で「この物件名称がいい！」と自分で決めます。

「幸運」を「プレミス」として考えた例を出しましたが、これは北海道札幌市に物件を購入したJさんのエピソードです。

彼は当初「フォルトゥーナ札幌」という物件名を考え、奥さんに相談しました。すると、奥さんのご近所ネットワークにより、既にその物件名称が同市の中央区にあることが判明しました。また、フランス語の「ボナール」を使った物件名称も近所にあります。そこで、奥さんが考えついたのが「ボンヌ・シャンス」です。これは英語でいう「グッド・ラック」に当たり、これもまた「幸運」という意味です。

結果、物件名称は「ボンヌ・シャンス」に決まりました。おそらく、Jさんひとりでは考えが及ばなかったネーミングでしょう。

③管理会社の担当者に相談

これは最後にしたほうがいいと思います。賃貸不動産の業界に長くいる担当者ほど、「物件名称とはこういうもの」という固定観念に囚われているからです。また、その担当者が考える「枠内」での返答しか得られないものです。

最初に相談するのは、賃貸不動産に詳しくないエンドユーザー（入居者の立場に近い知人）がお勧めです。管理会社の担当者に相談するのは、大家さんが納得のいく物件名称を決めた後でいいでしょう。

担当者の合意を得られたら、いよいよ物件名称の変更です。物件看板の変更や入居者への変更通知は、管理会社に対応してもらうのがいいと思います。

ただし中古のアパマンで、もともとの名称が広く客付業者や地元の人に知れ渡っているケースでは、名称変更によって混乱を招くデメリットが生じます。物件名称が広く周知されているなら、メリットとデメリットを慎重に考えてから決めましょう。

満室トリガー5 USP

USPとは「Unique Selling Proposition」の略で、直訳すると「独特な商品の提案」。他に類似のものがない、その商品独特のウリを意味します。

たとえば、以下は有名なUSPです。

「熱々のピザを30分以内にお届けします。30分超えたら料金はいただきません」（ドミノピザ）

「口の中でだけ溶けるチョコレート。手では溶けません」（M&Mチョコ）

ＵＳＰは、とりわけ新築のアパマンに有効な考え方で、かなり大胆なＵＳＰを打ち出すことができます。一方、昔に建てられた中古アパマンでは、どの物件もあまり代わり映えせず、なかなかＵＳＰが見いだせません。

しかし、多くの大家さんから「他の物件と差別化したい！」という相談を受けるうち、特に個性がない中古物件でも実践できるＵＳＰの打ち出し方を考えました。

それには、「実際に住んでいる入居者がどういった人なのか」「既存入居者がどのような属性なのか」をリサーチすることから始めます。

次に流行の募集法から考えます。賃貸物件のポータルサイトでは季節によって次のような特集が組まれます。

「新婚カップル向け」「転勤する人のための即入居可」「学生向けお部屋探し」「ペットと住める」「通勤15分圏内」……。このような特集から、今どき需要の高い募集条件とは何か、自分の物件はどこに強みを出せるかを考えます。そうすればあなたの物件が今は無個性でも、必ず変身させることができます。

満室トリガー6　現地看板

「それほど集客の効果はないだろう」と大家さんからも管理会社からも思われがちなのが現地看板ですが、そんなことはありません。子どもが実家から独立するため部屋を探しているケースなら、母親が買い物の行き帰りに何げなく「ここなら家から近いし夜も安全そう」というアパートを見つけたとします。そこに現地看板があれば、問い合わせがしやすいでしょう。

同じエリア内で部屋を探している人は、大家さんや管理会社が想像する以上にたくさんいます。入居希望者があなたの物件の前を通りかかる可能性はあります。その際に、「空き室あり、入居者募集」といった問い合わせ先が明記された現地看板がなければ、見込み客を逃してしまいます。もしも看板がなければ管理会社に依頼してみましょう。たいていは無料で設置してくれます。

満室トリガー7　エントランス・共用部分

入居者の内見は鍵を開けてからではなく、外観を見るところから始まっています。

そして成約には、賃貸営業マンと入居希望者がどれだけ信頼関係を構築できるかにも関わります。つまり入居希望者が店舗に足を踏み入れたところから、営業マンが案内のため車に乗せたところから始まっているのです。

この時に、大家さんが努力できる範囲はエントランスや共用部分の美化です。これが外壁の美化になると塗り直すのにコストはかかりますが、エントランスや共用部分なら「清掃」できれいに仕上げられます。

部屋を見に来た内見者の「潜在意識に訴えかける」には、隅々まで丹念に清掃することです。これは私の業界の先輩である工藤一善さんが『勝ち組大家さんの高収益アパマン経営マニュアル』（ぱる出版）で言い始めたことです。

具体的にはガスメーターを磨く、風が強いときは玄関ドアを拭くなど普通なら手をつけないところの清掃です。それが効して「よし、清掃が行き届いているからこの物件に決めた！」と成約につながらないでしょうが、それでもきれいなゴミ置き場や集合ポスト、整頓された駐輪場を見せると、「清潔感があるな」と潜在意識に働きかけることはできます。

エントランス・共用部分の美化では、まず残置物を撤去します。残置物に対しては管理会社も「処分していいのか、いけないのか……」と迷ったあげく放置しがちなものです。大家さんも「片づけるのにお金がかかるのかな。ひょっとしたら入居者が使っている物かな？」という懸念も含めて放置しがちです。残置物として代表的なものは以下の3つになります。

①放置自転車
②粗大ゴミ
③未回収のまま放置されたゴミ

次に、潜在意識に訴えるための徹底的な掃除を行います。これには7つのチェックポイントがあります。

①屋番号プレートの交換、メールボックスの交換
②掲示板の新設、情報掲示
③花壇の設置、植栽の植え替え
④共用灯のカバー、電球を年に一度は交換
⑤草むしり
⑥排水溝の清掃、蓋の交換
⑦メールボックス、部屋のドア、天井、壁

さて、これらの通常清掃業者が気づかない、もしくはオプションでないと対応してくれないだろう箇所を意識して実践することにより、内見者の潜在意識へ「細かいところまで行き届いている物件」とアピールすることができるのです。

清掃業者の選択については、2つの方法が考えられます。

①管理会社を通して発注する

これは一般的に最もコストがかかります。

管理会社のスタッフ自ら清掃をしている場合は、それほど高くありません。しかし、管理会社から清掃業者に発注すると、管理会社の手数料が上乗せされることが多く、高くつくかもしれません。

それでも管理会社を通して発注すれば、発注元の管理会社が責任を負うことになります。清掃に行き届かない点があれば管理会社に訴えて改善してもらいましょう。

②自分で探して直接発注する

自らインターネットで清掃業者を探し、直接発注する方法もあります。お勧めは、「シルバー人材センター」に依頼することです。低価格ながら、行き届いた仕事をしてくれます。

清掃業者が決まれば、どこを週に何回清掃してほしいルールを決めます。それを決めるためには、最低でも数回は自分で現地を清掃するのがいいでしょう。掃除をするポイントを見極めるのです。例として次があります。

・風が吹いてゴミが溜まりやすい場所
・雨が降ったあとで水が溜まりやすく、乾くと汚れやすい場所

・風の影響を受けやすい場所
・太陽に焼けてしまう場所
・雑草が生えてしまう場所

それらは物件ごとに違います。それを把握してから清掃会社に発注するのがベターです。清掃については人によって「これくらいでもきれい」「これではまだ物足りない」と個人差があり、どこまできれいにしているのか不明瞭です。

重点的に清掃してほしいところは、現地で実際に清掃担当者へ指差し確認をしていけるとベストです。できれば写真も撮りながら、「この箇所はこれくらいのクオリティで」と、1つずつリクエストを出して発注していきましょう。

満室トリガー8　キーボックス

空室時の鍵は管理会社が預かるのが一般的です。内見者が現れた際は、仲介業者の営業マンが、管理会社から物件の鍵の受け渡しを行っているケースがほとんどです。内見時の鍵の受け渡しには3つの方法があります。

①営業マンが鍵を管理会社まで取りに行く

一番面倒なのが、この方法です。

物件へ内見に行くとき、管理会社に鍵を取りに行かなければいけません。そのため営業マンは管理会社に行き、鍵を持って現地に赴き、内見が終わったら、その鍵をまた管理会社に戻すという、管理会社と物件との往復が必要です。

しかも、案内して決まるかどうかはわかりませんから「面倒くさい」と疎まれて、優先的に紹介してもらえない危険性があります。

②管理会社と現地で待ち合わせして、立ち会ってもらう

これは小規模の管理会社、地元の不動産業者に多くあるやり方です。営業マンがお客さんを連れて、直接物件に出向けばいいので、管理会社に往復する手間が減ります。

ただし、それでも面倒に感じるのが営業マンの本音です。物件案内は割と流動的で、前のお客さんの物件での滞在時間や交通事情により、なかなか約束の時間に現地へ赴けないケースがあるからです。そのため、現地での立ち会いを約束するのを億劫に感じる営業マンも多いのです。

③現地に設置してあるキーボックスから鍵を取り出す

営業マンにとって最も負担のないのがこの方法です。

ドアノブやメーターボックス、パイプスペースに、暗証番号で解錠できるボックスを設置し、その中に部屋の鍵を保管します。鍵の保管専用の商品であることから「キーボックス」と呼ばれ、値段は2000～5000円程度です。ホームセンターやインターネット通販を利用しても購入できます。

営業マンの手をわずらわせないためにも、現地にはキーボックスを設置してほしいと思います。なお、現地にキーボックスを設置する場合の注意点として、ある程度は管理をきっちりしないといけません。たとえば窓を開けっ放しのまま鍵を閉められると、雨風で室内が濡れたり汚れたりします。

また、寒冷地ではガス管凍結防止のためブレーカーを下げてはいけないのですが、内見の際にうっかり下げてしまってガス給湯器が故障してしまうトラブルも考えられます。

近場であれば大家さん自身で、遠隔地の大家さんであれば、定期的に管理会社にお願いして室内のチェックをしてもらうことが必要です。

満室トリガー9　室内写真

写真には、主に3つの種類があります。1つは、分譲マンションの広告や売買案件で見られる「イメージを伝える写真」です。建物の高層階から撮影した眺望写真をバックに建物のCGビジュアルを合成したり、物件のロケーションを伝えるため、近所の商店街や公園などの写真も混成するのがイメージ写真です。

次にイメージではなく、実際の「内見者用写真」。これは、お客さんに見せる素材です。写真の加工は必要最小限に抑え、実際の室内の様子を伝えます。これは賃貸物件の室内写真や外観写真に用いられるものです。

3つ目が、修理修繕など室内の設備部分がどのような状況になっているのかを把握するための「記録写真」です。

賃貸募集で差別化するには、「一眼レフカメラで、広角レンズを使って撮影すること」に尽きます。通常、賃貸物件のポータルサイトに掲載されている写真、更には不動産業者のホームページにある室内写真は、主として標準レンズのデジタルカメラで撮影されているのがほとんどです。

忙しい営業マンが仕事の合間に写真を撮るのですから、重たい一眼レフカメラを持ち歩くことは少なく、軽量のコンパクトカメラを持ち歩いて撮ります。

そのため、バス・トイレが同室の物件であれば、室内写真も全てが収められず、凡庸な写真になってしまいます。キッチンも十分に収められません。

広角レンズなら14㎡の間取りでも、しっかりと全体を写すことができます。それをネット上で見せられるだけでもかなりの差別化が期待できます。

しかし、大部分の管理会社は広角レンズをつけた一眼レフカメラで撮影に取り組むのは難しいでしょう。そこで大家さんが一眼レフカメラや広角レンズのカメラを持って、物件の写真撮影をすることをお勧めします。撮影した写真は管理会社や客付業者に提供すればいいのです。

撮影すべき写真を理解して、適切に撮ること

室内写真だけを撮るのではなく、できるだけ生活圏の写真、とくに生活する上で便利なコンビニやスーパー、病院なども撮っておきます。更に、マクドナルドやツタヤなど、入居者にとって便利な店も押さえておきましょう。

また、外観・共用部分全般も撮影します。ベランダ側、エントランス側、東西南北と撮れる限り、いろいろな角度から撮ります。物件が幹線道路に面しているなら道路の向こう側から、または高い建物があってその上層階に入らせてもらえるなら上からも撮影しまし

ょう。幹線道路の向こうから撮るときの注意は、車が通過するのを待ってシャッターを切ること。外観を撮るにしても、いろいろな角度を考えて検証しながら撮っていきます。

次に、共用部分全般の撮影です。エントランスのメールボックスから新聞やチラシがはみだしていたら、それらを全部きれいに清掃してから撮ります。共用廊下、ゴミ置き場の写真も、物が置かれていない状態で撮りましょう。そのときもゴミ置き場だけではなく、どこにあるのかがわかるように周りを入れた写真も撮っておきます。

また、自転車置き場も自転車を整理整頓してから撮ります。このときも自転車置き場の写真と、それがどこにあるのかがわかるように引いた写真を撮っておきます。

室内写真については、基本的に自然光で撮りますが、室内にある照明は全て点灯しましょう。電球、蛍光灯などの灯りのある状況下で、更に自然光で撮れば明るく、いい写真に仕上がります。

最も大切なのは水回りの撮影です。水回りが画面内に収まるように広角で奥行きのある写真を撮ります。たとえば15㎡以内のワンルームマンションを撮るとき、室内全体が入りきらないなら、バルコニーの奥からベランダが写り込まないように引いて撮ります。

●1-5（ベランダ側の両端から＆玄関側の両端から対角線上に）

■撮影ポイント

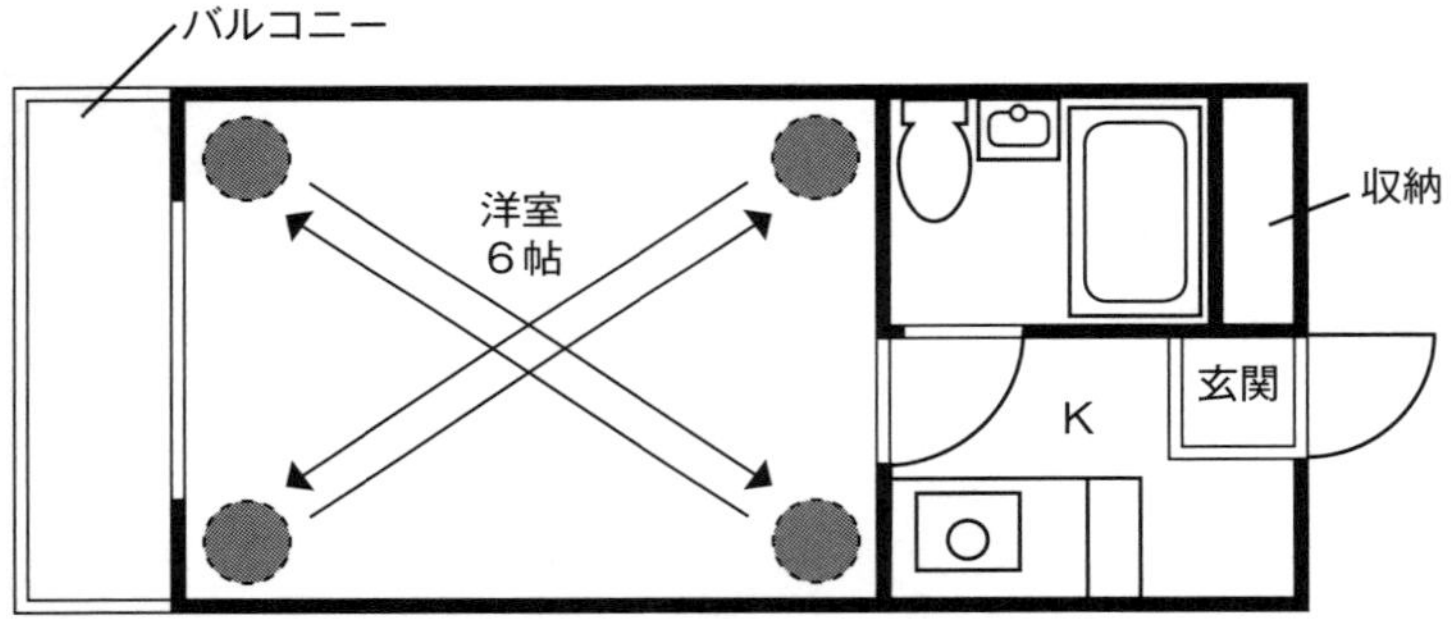

このとき、立って撮るのではなくてしゃがんで、下の角度から上に向けて撮ると、より室内を広く見せる効果があります。

ポイントとしては、以下のように4点を対角線上に押さえて撮影します（1-5）。

・ベランダ側の両端から
・玄関側の両端から

このときに床のフローリングの光沢を強調させるような角度で撮ると、フローリングの面積も強調され、部屋が広く見えます。ここでも、基本は自然光で撮りますが、外付けのフラッシュがある場合は、フラッシュを上向きに、天井に向けて反射させると、更に明るいイメージの写真が撮れます。

くわえて入居希望者からの問い合わせを想定して、コンセントの位置がわかる写真、エアコンのメーカー、型番など、設備の詳細がわかる「記録写真」を撮っていきます。

そうすることで問い合わせがきた時は、記録写真を確認すれば対応しやすくなりますし、内見で入居希望者から質問があった際、営業マンがその場で答えられる素材を作ることもできます。

写真素材を提供する際の注意点

写真素材を管理会社の担当者、もしくは仲介業者の営業マンに提供する際の注意点ですが、画像加工ソフトなどを使って画素数をできるだけ小さくリサイズしておきます。

画像サイズについては、不動産ポータルサイトの最大手「ヤフー！不動産」が２８０×２８０ピクセルを指定サイズにしていますので、このサイズを目安にするといいでしょう。

通常の一眼レフの画素数は非常に高く、そのままＵＳＢメモリなどにコピーして渡したとしても、営業マンが画像を縮小するのに手間がかかり、不動産会社のパソコンの性能の問題で、すべての画像を読み込まない場合もあるからです。

また、今のポータルサイトやホームページの中には、画像のリサイズ機能を備えているところも増えてきていますが、それには時間がかかりがちです。一眼レフのカメラで大家さんが撮る場合は、最終的にすべての写真の画像を小さくして、営業マンが掲載しやすい状態にしてから渡すのが望ましいです。

動画の撮影にもチャレンジしよう

最近は動画をユーチューブにアップすれば多くの人に見てもらえます。またウインドウズの「ムービーメーカー」というソフトを使っても簡単に編集できます。

あるいは、一眼レフカメラについている動画機能を使って撮影してもいいと思います。動画の中にはきちっと編集されておらず、しかも手ブレしているものもありますが、そのレベルでも入居希望者にとっては参考になります。

満室トリガー10　モデルルーム

モデルルームは、購入直後で複数室部屋が空いているような賃貸物件の場合は、設置した方が成約率は高まります。一連の流れを、先ほどP52〜57で紹介した相模原市のRC物件を例に説明したいと思います。

①モデルルームをする部屋を決める

どの部屋をモデルルームにするかですが、先ほどの相模原市の案件であれば、私は、一番決まりにくそうな103号室か、一番決まりやすそうな501号室に設置します。リフォームの仕上がり具合で決めてもいいです。

一番決まりやすそうな部屋と決まりにくそうな部屋、どちらを選ぶかの基準ですが、とにかく早く埋めていきたいなら一番決まりにくそうな部屋をモデルルームにして、決まりにくそうな部屋を最後に残します。多少の時間はかかっても、しっかり家賃をとっていきたいのであれば、一番決まりやすそうな部屋にモデルルームをつくっていく、というのがセオリーでしょう。

ポイントは、モデルルームをした部屋は一番最後に決める部屋にする、という考え方です。ですので、103号にしても、501号にしても、家賃を5000円前後アップさせることで、成約する確率は下がります。

②モデルルームをセッティングする

セッティングはＩＫＥＡかニトリで十分だと思います。どのような入居者が入るか考え、その入居者が住むようなモデルルームを作っていくわけです。

それにはペルソナ設定（マーケティング用語で架空の顧客設定を行うこと）をする必要がありますが、私の場合、集英社新書から出ている『荒木飛呂彦の漫画術』という漫画家が提唱しているキャラクター設定の決め方がとても参考になりました。

またはＩＫＥＡかニトリのモデルルームのマネキン買い（まるまるそのまま買う）でもよろしいかと思います。

③モデルルームを営業マンのセールスルームにする

まず、営業マンへは鍵はモデルルームの鍵しか渡しません。必ずモデルルームでセールスをして、その後、案内したい部屋に案内してもらうルールにします。

強制的に、キーボックスへはモデルルームの鍵しか置かず、モデルルームのどこかに（玄関やキッチンの引き出しに）、他の空室の鍵をおいておくのもいいでしょう。

④最後に残ったモデルルームを成約する

こちらはモデルルームを一式つけてプラス3000〜5000円で貸すか、そのまま元々の募集家賃に戻して、プレゼントするか決めて募集をして成約させます。

満室トリガー11　リフォーム、カラーコーディネート

前提として賃貸物件のリフォーム工事には、次の4種類があります。

①原状回復工事

クロス（壁紙）が煙草のヤニで汚れた、畳の表面に家具を置いた跡が付いてしまったなど、入居中に付けられた傷や汚れを修繕するためのリフォームです。

日常生活による汚れや設備が経年変化によって劣化するのは大家さん負担となり、入居者が故意に傷つけたり、使用方法を誤って壊したものは入居者負担になります。

退去後は、原状回復工事とハウスクリーニングを行いますが、短期入居や部屋をきれいに使用してもらえた場合はクリーニングだけを行う場合があります。

例 クロス・床の交換、畳の表替え・交換、ガスコンロの交換

②物件をバリューアップさせるための内装リフォーム

原状回復だけでなく、より魅力的な物件になるよう空室対策としての内装リフォームです。次で紹介するフルリフォームやリノベーションに比べれば、安価に行うことができ、やり方によっては費用対効果の高いリフォームが可能です。

例 モニター付きインターホン、デザイン性の高いシーリングライト（天井に取り付ける照明）などの交換、畳からフローリングへの張り替え、デザインクロスの使用

③大がかりなフルリフォーム、リノベーション

築年数が経ち、物件の魅力が落ちた物件へ行うのが、大規模なフルリフォームやリノベーションです。これにより「商品」としての価値をアップさせます。設備と内装だけでなく、屋根から外壁、エントランスや階段など全体の工事を行うケースもあります。

例 外壁、階段の塗装、3点ユニット（バス、トイレ、洗面所一体型）からバス・トイレ別への改装、キッチンの交換

④大規模修繕工事

賃貸物件では必ず行う建物のメンテナンス工事です。修繕内容や時期、費用を把握しながら順次行っていきます。

分譲用の区分マンションなら管理組合が主導していますが、賃貸アパート・マンションでは、大家さん自身が計画的に行うものです。大きな資金投資が必要なため、修繕計画表を作っておき、計画的に修繕積立金を貯めていくようにします。先述の「俯瞰《ふかん》思考」による商品ライフサイクルを考えて、更には10年ほどの事業収支やエリアのマーケットも調べてから行うことをお勧めします。

例 浄化槽の交換、屋根の防水工事、耐震工事

これらのリフォームについては清掃業者への発注と同様に、管理会社を通して発注するか、大家さんが直接に発注するか、もしくは自分自身でリフォームするのか、この3つの方法が考えられます。

管理会社が発注すると手数料が乗せられることが前提となり多少は割高になるものの、「保険」の意味で管理会社が責任を負います。また、スケジュール調整でも融通が利く利点があります。とくに2~3月の繁忙期でリフォームを急がせたい場合は、大家さん個人で頼むより、多くの案件を発注している管理会社が頼むほうが、スケジュールの無理を利いてもらいやすかったりします。

大家さんが直接発注する最大のメリットは費用を抑えられることです。そのときのポイントとして「賃貸物件の空室対策」のリフォームに対応してくれる業者に発注します。

コスト削減を重視しすぎない

気をつけるべきは、あまりにもコスト削減を重視しすぎないこと。値切って工事を安価に依頼すると、余剰資材を使われたり、作業員の数を減らされてクオリティが損なわれてしまう場合があります。

直接発注する場合は工事費用だけにこだわらず、大家さん仲間の口コミを頼ったり、インターネットで探した業者に依頼する場合でも、仕上がりをあなた自身の目でチェックするよう、費用以外の部分にも注意してください。

最後にセルフリフォーム時の注意は、時間と効率を考えて行うことです。それなりの腕前があり、また「どうしても自分でやりたい！」という意欲や、「その間、空室期間が長くなってもかまわない」といった割り切りができるのであればいいかと思います。それでもかかる時間とクオリティ、コストの問題もあるため、職人に発注するよりも不利になる面があるのは把握しておきましょう。費用を抑えるつもりが、空室期間が長くなりコストパフォーマンスの面では職人に頼んだほうがよかったケースもあり得ます。業者に発注しながら自らも現場に入り、作業を手伝いながら腕も磨く方法であれば有益だと思います。

ともあれ空室対策におけるリフォームは、入居者のニーズに合わせて実施するのがポイントです。また、「ＳＵＵＭＯ」も、「人気設備ランキング」をよく紹介していますので、

●1-6（入居者に人気の設備ランキング）

単身者向け物件		ファミリー向け物件	
順位	設備	順位	設備
1（→1）	インターネット無料	1（↑4）	インターネット無料
2（→2）	エントランスのオートロック	2（↓1）	追いだき機能
3（→3）	浴室換気乾燥機	3（→3）	エントランスのオートロック
4（→4）	ウォークインクローゼット	4（↑7）	ホームセキュリティ
5（→5）	ホームセキュリティ	5（↓2）	システムキッチン
6（↑外）	独立洗面台	6（→6）	浴室換気乾燥機
7（↓6）	追いだき機能	7（↓5）	ウォークインクローゼット
8（↑10）	宅配ボックス	8（↑9）	太陽光パネル（入居者個別売電）
9（↓8）	防犯カメラ	9（↓8）	床暖房
10（↑外）	24時間利用可能ごみ置き場	10（↑外）	防犯カメラ

※()内は前回ランキング・外はランク外

出典：全国賃貸住宅新聞 全国238社の仲介・管理会社が回答

そこで紹介された設備を取り入れるのも効果的でしょう（1-6）。

不動産会社の店頭やインターネットをチェックして、エリア内の物件情報を調べたり、仲介業者の営業マンから物件の成約事例を教えてもらえるのも勉強になります。

その際はファミリー・単身者向けを問わず教えてもらうことで、今、市場でどのような部屋や設備が人気なのかを把握できます。

その上で、管理会社や仲介業者の営業マンの意見も聞きながら、自分の物件では「どんな設備を導入すればいいのか」

を具体的に考えるのです。こうしてエリア内にある同種・同規模のライバル物件に対し、差別化できるリフォームを行います。

フルリフォームをする、また設備を新設するにしても、「ウリ」にするのは3点までに絞ります。

複数の設備を新設したからといって、設備のあちこちを「New」と表記するような募集図面を見かけることが多々ありますが、これでは最大のウリが絞られないので、せっかく新設しても入居希望者への訴求効果が薄くなります。

交換や新設した設備の中で、何が一番のウリかをしっかり見極め、それを第一にアピールするほうが効果的です。

次に考えるのは、そういった設備を最初から設置するのか、あとで設置するのかということですが、入居契約後に設置するのもよいでしょう。申し込みがあり、「契約する条件で設置しますよ」というプレゼント形式での募集では、内見時のインパクトは薄れますが、「どの物件に決めようかな？」と迷っている入居希望者の背中を押すには効果的です。

「契約する条件でプレゼント」とすれば、契約が決まってからの設置となるので、支払いも契約後になります。通常のリフォームのような先行投資ではない点が、大家さんの懐的には助かります。募集時の「プレゼント」という作戦も差別化できる要素になるでしょう。

リフォームにあたってはクロスや設備を新設するのもいいですが、必要最低限のリフォーム費用で修繕を行うのも妙案です。つまりクロスの貼り替えや設備の交換はせず、クリーニングだけで募集する「あるものを生かした」リフォームという考え方です。

ただし、前入居者の生活臭をまったく感じさせないほど、徹底的にルームクリーニングすることが大切です。中途半端なクリーニングでは、「あるものを生かした」リフォームをした結果、成約率が下がってしまうので要注意です。

カラーコーディネートの選定ステップ

物件の商品力を上げるには、カラーコーディネートに注意を払うことが有効です。それにはセンスが必要と思われがちですが、ある程度はテクニックでカバーできます。

以下、カラーコーディネートの選定ステップを紹介します。

①コンセプトを決定

物件の既存入居者のライフスタイルで決定されます。学生や若年層の入居者が多ければ、「安くてカジュアルなイメージがいい」とか、ビジネスマンが多いなら、「都会的で先端の設備を取り入れたカッコいいイメージかな」と考えていきます。

②エリアや陽当たりを考慮して、カラータイプを決定する

暗い1階なら暖色系の明るい色を多用し、上の階で陽当たりが良すぎれば、逆に涼しくなるようにクールな色を選択するのもいいでしょう。

遠隔地に物件がある場合は、現地の管理会社と十分にカラータイプの確認をしましょう。地域によってはこの法則が通じないからです。雪国では1階部分が、雪の反射で非常に明るく見えます。室内まで明るいカラーにすると逆効果になってしまいます。それらの事情も考慮してカラータイプを決めていきます。

③面積比により、カラータイプを決定する

面積比は、ベースカラーが70％（天井、壁、床）、サブカラーが25％（ドア、建具、カーテン）、アクセントカラーが5％（家具、雑貨）の配分でコーディネートすれば、誰が色を決めても、それなりの仕上がりになります。

参考として、一般財団法人日本不動産コミュニティーが提供する「賃貸経営実務検定（通称・大家検定）」の２級テキストに詳しく解説があります。

カラーコーディネートはこだわりすぎない限り、お金がかかるものではありません。アイデア次第で部屋の魅力が倍増するので、費用対効果が高いのです。

一般的な白いクロスに対し、一部のクロスだけ色や柄を変えて人目を引きつけます。この効果で標準タイプの部屋より高い賃料で入居が決まる可能性が高くなります。壁全面に貼るのではなく、一部の壁やエアコンやバルコニーの周辺部分など、少ない面積に貼ることで奥行き感を出すやり方が理想です。

あるいはボーダーにして、壁の上部と下部でクロスの色を変えるやり方もあります。下

は単価の安い素材で色も黒に近い濃い色を選び、上は少し高いクロスを使います。

下のクロスに安い素材で濃い色を使うのは、上よりも汚れやすいからです。交換頻度が低い上のクロスは高価な素材を使用するわけです。色彩効果の面でも、下が濃いほうが安定感を与えます。

マーケティングを検証しよう

満室トリガー12　マイソク

マイソク（次ページ1‐7）とは、不動産業者間に情報を流通させている会社「マイソク」が配布していた募集用の流通図面を指していましたが、同系会社の「アットホーム」が作成した募集図面も「マイソク」と呼ばれるようになり、現在では業者間で流通する募集図面を総称して、そう呼んでいます。

また、大家さんが自ら営業用に自作したものを、本書では「募集図面」といいます。

● 1- 7 （マイソク）

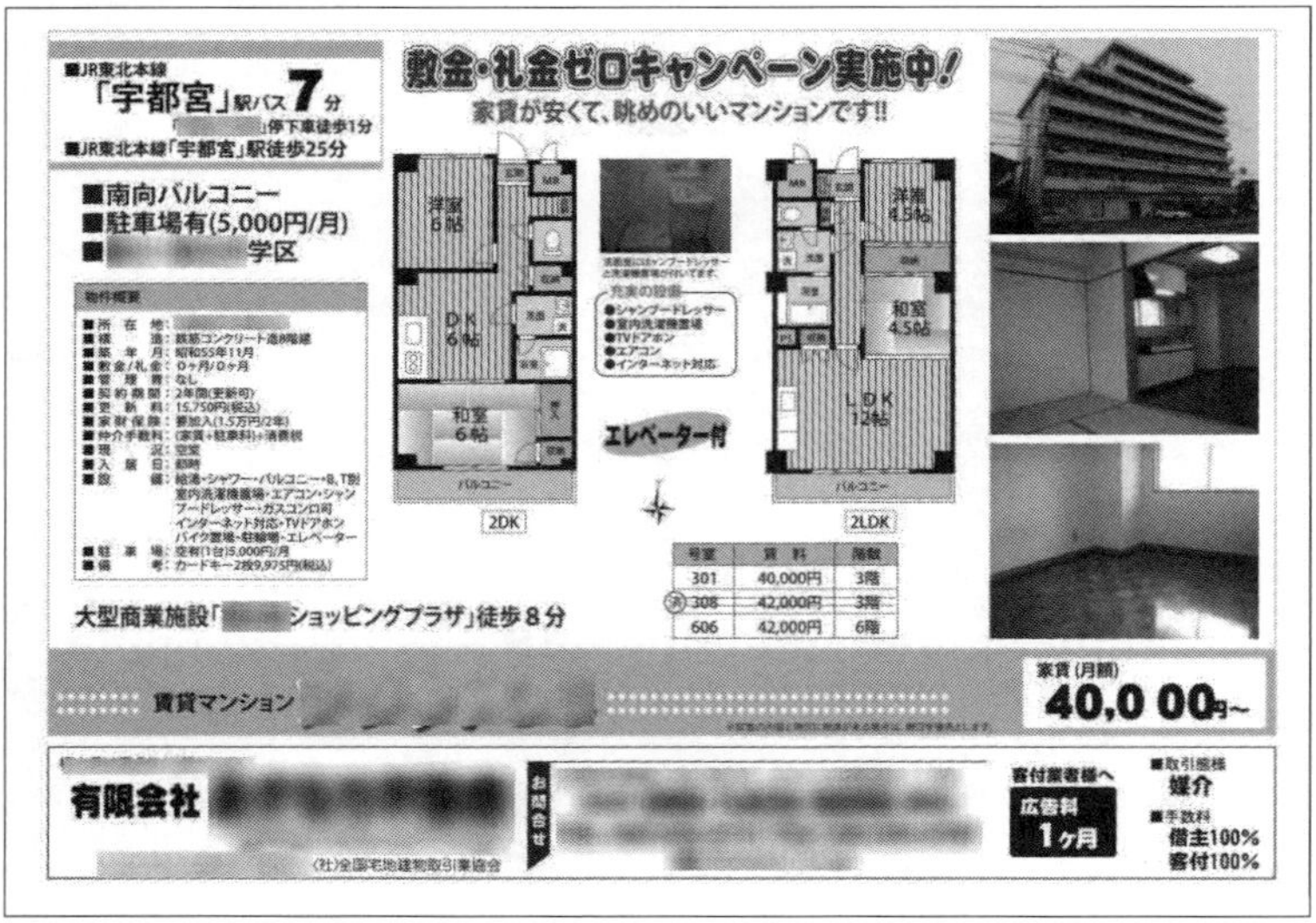

号室	賃料	階数
301	40,000円	3階
308	42,000円	3階
606	42,000円	6階

「募集図面」に関してはカラーとモノクロ（FAX用）の2種類を作ることをお勧めしています。自作する場合はインターネットで「不動産チラシ＋テンプレート」「間取り＋フリーソフト」で検索すると、募集図面の作成ソフトが見つかります。

マイソクについて説明します。物件の概要、間取り図、地図が載っている資料ですが、次の2つの意味があります。

・仲介業者への情報源
・入居希望者への情報源

業者向けに作られたマイソクが、

内見希望者に対する提案資料として使われています。とくに賃貸物件の仲介を専門にしている客付業者はこれをたたき台にして、店舗オリジナルの募集図面に再作成しているところもあります。大家さんは「募集図面は入居希望者への提案資料」と考えがちですが、前提として「仲介業者の営業マンへの提案資料」であることを認識しておきましょう。

満室トリガー13　情報誌

最近はインターネットで最新情報が検索できるので、紙ベースの物件情報誌は「あまり効果がない」と考える大家さんもいますが、エリアによっては情報誌が大きな効果を呼ぶ「飛び道具」になります。

情報誌には全国区の大手不動産賃貸会社が提供する専門誌もあれば、各地の不動産管理会社がオリジナルで作成している冊子や地元のフリーペーパーなどもあります。インターネットは情報量が圧倒的に多く、入れ替わりのサイクルも速いので、膨大な情報量の中で、あなたの物件が部屋探しをしている人の目に留まる可能性が決して高いとはいえません。

しかし、スーパーに置いてあった情報誌を持ち帰り、しばらく放置したものの、ある日なんの気なしに取り出して眺めることもあるでしょう。そこで「こんな物件があるのか」と気づいてもらえるのです。その点ではインターネットが苦手な世代、高齢者や主婦層に効果的です。

情報誌については掲載時期に合わせて、募集条件を検討することがポイントです。あなたの物件のエリアで情報誌の効果があるのかは、管理会社に対し、お客さんが何を見て来店したのかをヒアリングすることで明確になります。

効果ありと判断したら、管理会社に掲載可能な情報誌や、その掲載締切日を確認します。そして載せてもらえるかどうかも確認してから、掲載時期に合わせて募集条件を検討します。

なお、掲載リクエストを出せば、前向きに考えると思います。なぜなら、私の経験上、管理会社の情報誌の担当者は、極めて漠然と掲載物件を決めているケースが多いからです。

新築物件のような目玉商品は別ですが、その他の物件は、単身者向け、ファミリー向け、エリアなど、掲載する物件のバランスを考えて決めているにすぎませんから、掲載物件を差し替えてもらえる確率は高く、実際差し替えてもらった事例はかなりあります。管理会社の担当者と積極的に打ち合わせしてみてください。

満室トリガー14　賃貸情報サイト制覇の法則

「エリア名＋賃貸」というキーワードでネット検索してみてください。その結果、1〜2ページ目に表示されたポータルサイトと地域密着型の不動産業者のホームページのすべてにあなたの物件を掲載させること。これが賃貸情報のサイトを制覇する法則です。

なぜ「エリア名＋賃貸」で検索するのかといえば、上位に表示される業者なら、他の賃貸関係のキーワードでも上位に出てくる可能性が高いからです。次のトリガーからは具体的に大手ポータルサイトに掲載されるための方法を解説します。

満室トリガー15　ポータルサイトの特集記事

賃貸物件の大手ポータルサイト、「ＹＡＨＯＯ！　不動産」「ＳＵＵＭＯ」「LIFULL

HOME'S」「アットホーム」のトップページは情報の宝庫です。そこの「お勧め物件情報」といった特集をチェックして、どのようなアプローチをすれば入居希望者の反応がいいのかを推し量ることができます。

ちなみに「SUUMO」の特集記事は通常契約とは別途、広告費用がかかります。あなたがお願いしている管理会社が「SUUMO」に広告を掲載していたとしても、特集記事にまで契約しているとは限りません。そこで、特集記事からさかのぼり、掲載している不動産業者を探して物件情報の掲載をお願いします。そのときには、あなたの管理会社への承諾も取り付ける必要があります。

このような手続きを経て「SUUMO」などの特集記事に掲載してもらえたら、問い合わせが増えて成約の確率が格段にアップするでしょう。

1-8に、検索上位に表示されるポータルサイトを紹介します。

また、アプリも続々と誕生していて、今後スマホが更に主流になると思います。そのためスマホ閲覧を意識した掲載を心がける必要があります。それはポータルサイトがスマホ用にホームページを最適化しており、基本的にはスマホ対策もできているからです。スマ

● 1-8（主要な賃貸情報サイト）

①ＳＵＵＭＯ（http://suumo.jp/）
② LIFULL HOME`S（http://www.homes.co.jp/）
③アットホーム（http:// www.athome.co.jp/）
④ＹＡＨＯＯ！不動産　（https://realestate.yahoo.co.jp/）
⑤アドパーク（https://home.adpark.co.jp/）
⑥スマイティ　（ http://sumalty.com/）
⑦オウチーノ　（http://www.o-uccino.jp/）
⑧ＣＨＩＮＴＡＩ　（http://www.chintai.net/）
⑨賃貸スモッカ　（https://smocca.jp/）
⑩ＤＯＯＲ賃貸　（http://chintai.door.ac/）
⑪いい部屋ネット（http://www.eheya.net/）
⑫マイナビ賃貸　（https://chintai.mynavi.jp/）
⑬キャッシュバック賃貸（https://cbchintai.com/）

ホ上での掲載状況をこまめに確認して、スマホでの掲載を意識することが今後大切になってきます。

またあなたの物件の古い情報が、ポータルサイトでいつまでも掲載されていたのなら、それは入居希望者からの問合せを阻害する要因になります。

昨今は、おとり広告掲載事業者の追放が厳しいですから、削除協力は比較的に得られやすいと思います。古い情報のチェックをしてポータルサイトの管理をしていきましょう。

満室トリガー16　家主自ら募集（ウチコミ!・ジモティ）

賃貸仲介業者に依頼することなく、大家さんが自分で募集する方法をお伝えします。

管理会社、賃貸営業マン頼りの空室募集ももちろん大切ですが、家主自ら直接募集できるスキルもこれからは求められます。

また管理会社、賃貸営業マン頼りの空室募集をすると広告料が高額になり、経営が苦しくなります。これからはＶＲの導入により、内見しなくてもいい時代がやってきます。更には賃貸営業マンが案内しなくても、いい時代がやってくるだろうとも言われています。

管理会社、賃貸営業マンをよきパートナーとしながらも、大家さんは大家さんで直接募集できる状態にしておくべきだと考えます。

その他ＳＮＳの利用も有効です。自分をFacebookや楽待コラムなどでブランディングしている場合、それを利用して併せて賃貸募集する、というのも方法の１つです。

● 1-9（大家さんが直接募集する際に便利なサイト）

（1）自ら内見者を獲得する
ウチコミ！（https://uchicomi.com/guide/owner/）
ジモティ（http://jmty.jp/）

（2）自ら募集に便利な素材やツールを見つける
となりの大家さん（http://t-oya.net/）
賃貸経営ネット（http://chintai-keiei.net/）

（3）自ら募集に役立つデザイナーを見つける
ランサーズ（http://www.lancers.jp/）
クラウドワークス（https://crowdworks.jp/）

Facebookページを使ったり、アメブロなどのブログを使ったり、その他さまざまなSNSで小さいアクセスを獲得し、内見に結びつける、というやり方も可能です。

様々な工夫を凝らすことができるのがインターネット時代の特徴です、スマホ時代には考えられるので、不動産投資家としてはアンテナを随時はりめぐらせておきましょう。

参考までに、1-9に大家が直接募集するサイト一覧をまとめました。

満室トリガー17　ライバル物件

多くの大家さんは、自身の物件しか把握できていないものですが、本気で空室をなんとかしたいならライバル物件にもっと目を向けるべきです。

仲介業者の営業マンは1人の入居希望者に対し、1回で3～4件の物件を案内します。その中に、あなたの物件が入っていてもそれだけでは喜べません。他の同価格帯のライバル物件の中から選ばれなければ空室は埋まらないのです。

ここでは、インターネットを使ったライバル物件の調べ方についてレクチャーしていきます。私はこれをライバル物件を調査して差別化を図る「蓄積型空室対策」と呼んでいます。

まずは、ライバル物件についてネットで調査をします。

SUUMO、LIFULL HOME'S等のインターネットの賃貸ポータルサイトを見て、自分の物件の条件を当てはめ、検索します。そして、それらをすべてプリントアウトして、物件を掲載している賃貸仲介会社に持参してヒアリングするのです。

その時、類似スペックの物件の中で「成約率が高い物件」がどういったものか、教えてもらいましょう。その物件の成約率が高い理由も合わせて確認すべきです。

現在、空室である同スペックのものを研究し、その差別化を図ることも大切ですが、既に満室になった同スペックの物件があれば、それがどのような理由で決まったのか、そして、自分の物件に何が足りないかを検証するのです。

また、不動産業者にレインズやアットホームなどの専門サイトでの成約事例を教えてもらうこともできます。「アットホーム、レインズでの成約事例を教えていただけませんか？」とお願いしたら、対応してくれるでしょう。

ここまでライバル物件について調べたら、あなたの物件を差別化する方法を考えていきます。

①ライバル物件の情報を収集

日頃から仲介業者や管理会社へのヒアリングを定期的に行い、物件図面を含めた情報を蓄積していきます。

先述した、ＳＵＵＭＯの『賃貸経営サポート』（http://www.suumo-onr.jp/）やLIFULL HOME'Sの『見える！　賃貸経営』（http://toushi.homes.co.jp/owner/）を参考にされると良いです。

②地図にライバル物件をマーキング

集めた資料をもとに、物件エリアの地図にマーキングをします。これでライバルとなる物件がどのエリアに集中しているのかをひと目で把握できます。

あなたの物件を中心に、約１・５キロ圏内の地図を作成します。パソコンで作成してもよし、大手地図メーカー「ゼンリン」の住宅地図をコピーしてもいいと思います。

③管理会社の担当者、仲介営業マンからライバル物件を教えてもらう

ライバル物件と比較して、どうすればあなたの物件が成約してもらえるのか、差別化ポイントはどこなのかを、管理会社の担当や仲介業者の営業マンから詳細に教えてもらいます。

④リサーチ結果に基づいて再度募集条件を検討する

これらのリサーチ結果に基づき、あなたの物件のさらなる差別化を図るにはどうすればいいのかを検討します。「募集条件を改定→募集する→結果を検証する」を行って、場合によっては、1～4のサイクルを繰り返します。

「PLAN（計画）→DO（実行）→SEE（検証）」は、ビジネスの基本です。計画を立てたら、実行に移し、その結果を検証します。もしも結果が得られなければ、その原因を考え、対策を検討し、次の計画に生かしていきます。

アプローチすべき不動産業者の探し方

また、アプローチする不動産業者にも、それぞれ特徴があるわけです。どうやって不動産業者を選定していけばいいのでしょうか。次からは、インターネットを使った業者の選定方法をレクチャーしていきます。

①GoogleMapで「エリア名＋賃貸」で検索

これで1～2ページ目をピックアップします。上位に表示されるところは、かなりの確率で賃貸を行っている業者です。

更に地図上で検索すれば、その不動産業者がどこにあるのかわかりますので、業者回りの段取りも調べられます。

②Googleで「エリア名＋賃貸」検索

こちらも1～2ページ目の中から、スポンサー広告なども含めてピックアップしていきます。

まずは「SUUMO」「LIFULL HOME'S」などの賃貸物件のポータルサイトから、あなたの物件と同じエリアで情報提供している不動産業者をピックアップします。エリアを選択し、物件の検索をして、表示された情報の問い合わせ先を調べます。これら3つのプロセスを経て、現在稼働している賃貸不動産の業者を精査することができます。3つのプロセスでは重複する業者に出てくるのでそれは除きます。

以上の検索方法を用いて、上位の不動産業者にのみアプローチを開始していきましょう。

営業マンの優先順位を上げさせる方法

それでは、営業マンの優先順位が4位や5位の物件を持っている大家さんはどうすればいいのでしょうか？　それには自分の物件の優先順位を上げてもらうしかありません。そのための作戦を紹介しましょう。

今まではお金で解決する方法ばかりがクローズアップされていました。仲介手数料が宅建業法により1ヵ月が上限と決められているため、「広告料」という名目で謝礼をする、もしくは成約した場合なら、キックバックとして商品券を営業マン個人に渡すという方法です。

しかし、現在では、キックバックを禁止にしている仲介業者も多いですし、なかなか難しくなってきています。

私は原点に戻り、広告料はエリアの必要最低限にし、物件力、もしくは大家の人間力を高める方が現在では決まりやすいと判断しています。物件力を高める方法は、ハード力の項目で解説していますので、ここでは割愛します。

大家の人間力を高める、ということですが、まずは、賃貸営業マンに自分を覚えてもらい、その上で、決まる物件でなければなりません。そして、どうすれば決まるかを営業マンから情報を引き出すのです。

ポイントとしては時間ではなく接触頻度です。相手が忙しいようなら1～2分で電話を切り上げましょう。たとえば、仲介業者に電話をするなら、「この前のアドバイスを実践したら内見がありました。ありがとうございます！」といったお礼がてらのアプローチも好ましいと思います。

また、電話やメールを中心にした連絡もいいのですが、直接会って話すことも実践してみてください。もちろんアポなしではなく、きちんと予約を入れてから訪問することをお勧めします。

そもそも営業マンの優先順位は、1～3位の物件に意識が向きがちです。その中で、あなたの物件により注意を払ってもらうには、物件の魅力やパワーももちろん大切ですが、営業マンとの結び付きや人間関係を強めるのが重要になります。

人間関係を円滑に進めるためにも、次に紹介する「ザイアンスの法則（単純接触効果）」を実践しましょう。これは米国の心理学者ロバート・ザイアンスが唱えた心理学法則です。

・人間は知らない人には攻撃的、冷淡な対応をする
・人間は会えば会うほど好意を持つようになる
・人間は相手の人間的な側面を知ったとき、より強く相手に好意を持つようになる

つまり、円滑な人間関係を築くには、接触頻度を高めていくことが大切だという考え方です。たとえば、大家さんが1～2ヵ月に1回だけ訪問をしたり、問い合わせをしても、当の営業マンの記憶からは薄れてしまうでしょう。もっとコンスタントに訪問して、直接顔を付き合わせて話をすることにより、あなたのことを印象づけられ、関係性が築いていけるのです。

それではどれくらいの頻度で訪問すればいいのでしょうか。これはエリアや店舗の忙しさによっても異なりますから、その業者との間で感覚をつかみながら調整していきましょう。イメージとして、「寄せては引く波のような関係性」が理想的です。

目安としては、少なくとも1ヵ月に1～2回は、アポを取った上で来店するようにし、7～10日に1回は電話をかけて、募集の現状について確認しましょう。

堂々と仲介業者を訪問するための5つのポイント

あなたの物件を売り込むために、初めての仲介業者を訪れるのは誰でも緊張するものです。ここでは尻込みしないで、堂々と訪問するための方法をレクチャーしていきます。ポイントは次の5つです。

①事前に店長・社長にアポイントを取ってから訪問する

当然のことですが先方にも都合がありますので、出向いてもいい時間帯を教えてもらうためです。また、大家さん自身が飛び込みで訪問して、怖気づかないようにするためです。

訪問する不動産業者の選定方法は、「満室トリガー14　賃貸情報サイト制覇の法則」で紹介しましたように、検索サイトで「エリア名＋賃貸」というキーワードから探していけばいいでしょう。

②「仲介手数料50％」とうたう不動産業者を訪問する

仲介手数料50％でも集客したいということは、薄利多売で集客に力を入れる方針の業者であると判断できます。「人の２倍働こう！」という意気込みなので、やる気のある証です。

③賃貸専門のＦＣ加盟店を訪問する

入居希望者はあまり土地勘のないところですと、どこの店に行こうか迷ってしまうものです。そんなときは宣伝広告に力を入れていて、認知度の高いＦＣ加盟店が選択肢に挙がり、名前を聞いたことのある店なら更に頼りになります。同様に、大家にとっても困ったときのＦＣ加盟店というわけです。

④店頭広告などで、賃貸に力を入れているところを訪問する

「賃貸専門」の不動産業者であれば、自社の管理物件を持っておらず、他の不動産業者から、あるいは大家さんから直接、客付けだけを依頼されているケースが多いでしょう。客付けに特化した店なので、入居者を紹介してほしい大家さんのニーズと合致します。

⑤訪問時の必須アイテムをそろえていく

それでは最後に、訪問時に欠かせない大切なアイテムを紹介しましょう。それは次の４

点です。

必須アイテム①名刺

仲介業者には、入居希望者に書いてもらう申込書はあっても、大家さんに書いてもらう書類を用意していないところがけっこうあります。おそらく大家さんが訪問することに慣れていないからでしょう。

そこで電話番号・メールアドレス・住所などの連絡先に加えて、所有している物件の紹介や物件ホームページ、更には大家さんのブログのURLなども印刷した名刺を用意しておくと重宝します。「大家さん名刺」は、仲介業者向けだけではなく、セミナーや懇親会、そして大家さんの会でも効果的に使うことができます。

必須アイテム②物件画像・動画を記録したUSBメモリ

名刺交換をしたら、物件画像・動画を記録したUSBメモリも手渡しておきましょう。それには高画質のものではなく、ポータルサイトに掲載しやすい画素数で保存した写真や動画を収めておきます。間取り図のデータがあっても便利かもしれません。

必須アイテム③物件の募集図面

物件の現在の状況がわかる募集図面です。管理会社が作ったものを使用してもいいですし、オリジナルで作っても問題はありません。

必須アイテム④鍵の開錠方法（キーボックスの使い方）

鍵の開錠方法も聞かれると思います。たとえば、現地にキーボックスを設置しているのであれば、その開け方についてもレクチャーしておきましょう。

敏腕営業マンを囲い込む方法

ここまでは、インターネットを使ってアプローチすべき仲介不動産業者に当たりをつけ、業者を訪問するときの注意点について説明してきました。しかし、どうせ訪問するのでしたら、並の営業マンではなく、成績のいい敏腕な営業マンを紹介してもらいたいものです。そのための手順を紹介しましょう。

①まずは店長と打ち合わせ

店長を通して、営業マンを紹介してもらいます。アポ取りをして訪問し、訪問時のアイテムもしっかり準備ができている大家さんに対しては、店長も、「不慣れな新入り営業マンを紹介できないな」と判断することでしょう。あるいは、こちらから「ぜひ営業成績がトップクラスの方をご紹介いただけませんか？」と素直に要望を伝えてみるのもいいかもしれません。

②営業マンを紹介してもらい、物件画像・動画を渡す

物件画像・動画を記録したメディアも持参すれば、営業マンがわざわざ物件の撮影に行く必要もありません。そのままポータルサイトなどに、写真を含めた募集案内を掲載してもらいやすくなります。

週末の忙しいときに店を訪れた場合は、けっして長居をせず「あとで確認やご相談したいことをメールしますので、お答えいただけますか？」とお願いして速やかに引き揚げるようにしましょう。

③募集条件の変更、営業マンの怠慢は店長へ

通常であれば営業マンを窓口に、賃貸募集状況や入居希望者のヒアリングをします。しかし、店長を窓口にするときもあります。それは募集条件の大きな変更があったり、営業マンの怠慢により連絡が取れなかったり、約束したことを実施してもらえなかった場合で

す。このような要望によっては、店長と営業マンへの連絡を使い分けるようにしてください。

連絡先については、店長、担当者それぞれの携帯番号、携帯アドレス、パソコンのアドレスは必ず押さえておきましょう。今ならFacebookなどのSNSでつながっておくのもよいでしょう。特にＬＩＮＥは最重要といえます。店長、営業マンとのグループＬＩＮＥが組めれば最高です。

満室トリガー18　客付業者

客付業者は、あなたの物件に入居者を仲介してくれる代理店です。あなたの物件を紹介してくれる大切なビジネスパートナーです。「Ｂ　ｔｏ　Ｂ（Business to Business）」の関係として、ビジネスマインドでつき合っていく必要があります。

通常ならば、あなたが客付業者へ電話をして訪問するとき、不動産業者にとって、あなたは「お客さん」になります。業者がお客さん扱いすることで、あなたもついつい「お客さん然」という態度をとってしまうかもしれません。

しかし、これは大きな間違いです。本来なら、「自分の物件をもっとよく知ってもらいたい」「自分の物件を宣伝してほしい！」ために訪問をしているのですから、あなたは「お客さん」ではなく、ビジネスの関係としては対等なのです。

客付業者は代理店であり、自分の商品である物件をいかに売り込んでいくかが大事だと考えてください。

満室トリガー19　エース営業マン

ここからは私の経験に基づいてお話ししていきます。

仮に、あなたの物件がある周辺で30社ほどの仲介業者があったとします。その中でもあなたの物件を成約してくれそうな業者は2～3社に集中します。更にその2～3社の中でも、あなたの物件を成約してくれる営業マンは、わずか2～3人だけに絞られるのです。それが「エース営業マン」と呼ばれる人です。ですから大家さんは、優秀なエース営業マンと出会うために活動すべきです。

このようにして物件の成約率の8割は、全体の2割の不動産仲介業者で占められており、更にその中の2割のエース営業マンが契約を決めているはずです。あなたの物件の8割の成約を決めているのも、わずか上位2割のエース営業マンなのです。

これには「80：20の法則」（イタリア経済学者ヴィルフレンド・パレート発見。「パレートの法則」ともいう）が当てはまります。

そういった優秀なエース営業マンをあなたの味方につけて、より良い関係を築いていくことが大切です。そのためには、先述の「営業マンの優先順位を上げさせる方法」「ザイアンスの法則」を活用してみてください。

満室トリガー20　FAX・メール・コール営業

ここからはFAXとメールを使った営業法についてお話ししますが、その前にマイソク（募集図面）の作成法について触れておきます。

①ＦＡＸ・メールそれぞれの募集図面を作成

先述したようにＦＡＸ（モノクロ）、メール（カラー）が必要です。２種類の募集図面に対応している管理会社であれば、それをそのまま使わせてもらってもかまいません。自分で作る場合には、デザイナーに依頼してもいいですし、もしくは自分でオリジナルの募集図面を作成してもいいと思います（満室トリガー12参照）。いずれにせよ、必ずＦＡＸ用とメール用、それぞれ別の募集図面を作ってください。

最近ではパソコンを社員に1台ずつ提供している会社も増えてきましたが、まだまだそのような会社のほうが少なく、相変わらず情報のやり取りはＦＡＸが主流だと心得ていてください。

②ＦＡＸは白黒で写真なし

ＦＡＸ用の図面を作るときの注意点は、写真を一切使わないことです。写真を使った図面を送信すると、全体的に黒くつぶれてしまう恐れがあるからです。

せっかく写真が載っていても、真っ黒なＦＡＸが届くことになり、募集図面の印象が好ましく思われません。

また、間取りをカラーで作成した場合、木を表す茶色が、ＦＡＸ上では真っ黒に印刷されてしまいがちです。ですから、ＦＡＸでの募集図面を作成するときは、白黒をハッキリさせ、間取りも白黒で作ります。それから書体も、送信するときに黒く塗りつぶされてしまうことを想定し、大きめのフォントで作成しておけばいいでしょう。

③メールはカラーで写真を載せる

一方、メールで送る場合は、白黒でなくカラーにして、ＰＤＦファイルで作成します。ＰＤＦファイルなら、環境の設定が異なるパソコンでも、レイアウト通りに表示されるからです。これをメール添付で送ります。一括送信もできます。

このとき、どこの会社に送っているのかに注意を払ってください。他業者のアドレスを知らせてしまうのは差し障りがあります。それにはアドレスを「ＢＣＣ」に入力して送れば誰に送っているのかわかりません。

また、ヤフー！やグーグルＧＭＯといったポータルサイトが提供している「メーリングリスト」サービスの利用もお勧めしたいです。複数の宛先を1つのグループとして登録し、情報を同時配信できます。宛先の人には、他に誰が登録されているのか知られることもありません。

送付するのが、10～20数社程度であれば先述の方法で十分ですが、数百社に及ぶようであれば、画像添付可能なメルマガ配信スタンドと有料契約するのもよいかと思います。

④電話をして図面が届いたかを確認し、募集のお願いをする

そして、FAXおよびメールを配信したあとは、早急に先方へ電話をして「図面を送ったのですが、届きましたか」とおい確認をしつつ、「どうぞこの物件も案内してください」と入居者募集のお願いをします。これらを定期的に行っていき、仲介業者との接触頻度を増やしていきましょう。

サラリーマン大家さんや遠方に物件を持っている大家さんは、時間に余裕がなくなかなか業者訪問しにくい状況です。ところがメールとFAXで営業をしたり、電話をかける程度なら、比較的に短時間で済ませられますし、接触頻度も増えますので効果的な方法です。

なお、あなた自身がメール営業とＦＡＸ営業をしていると、管理会社の担当者から、「その取り組みなら、すでにわが社でもしていますよ。ですからあなたがわざわざする必要もありません」と、たしなめられることがあるかもしれません。

それでも管理会社の同意を得て、極力、大家さん自身が営業することを私はお勧めします。なぜなら、管理会社によるＦＡＸ、およびメール営業というものは機械的な業務に過ぎないからです。

管理会社が行うＦＡＸ営業とは、コピーＦＡＸ複合機のＦＡＸ一斉送信機能を使って、毎週金曜日夜の帰社をする直前に（一斉送信には何時間もかかるため）セッティングするというものです。こうすることで翌朝には、登録しておいた複数の客付業者宛てにＦＡＸが自動的に届いている仕組みなのです。なぜ金曜の夜なのかといえば、来店客が増える週末を見込んでいるためです。

しかし、管理会社が通常に送っている空室物件の一覧表のようなものだけでは、受け取った客付業者は熱心に確認することも期待できませんし、まれに仕事の丁寧な管理会社が、一枚一枚と募集図面を送ったとしても、相手に何十枚も同じ図面が届くようであれば、その図面が細かくチェックされることはまずないでしょう。

なにしろ、他の管理会社からも同時にやっている業務です。たくさんの空室一覧や募集図面の中から、あなたの物件を選択してもらうのは、かなり難しいと想像します。

管理会社としては、管理をしている多数の物件の1つとして、あなたの物件を紹介しているにすぎません。けっして、あなたの物件だけ特別に肩入れをし、電話をかけてまでプッシュすることなどありえないのです。ですから、あなたは、あなた自身の物件のためだけに募集図面を仲介業者に送り、営業の電話をすべきです。

満室トリガー21　業者訪問

ここでは、大事な点だけをおさらいとして述べておきます。

第一に、訪問するときは必ずアポイントメントを取ることです。とくにサラリーマン大家さんは、土曜日や日曜日しか時間が取れないことが多いでしょう。しかし、営業マンは週末の書き入れどきこそ、部屋探しのお客さんに集中して接客したいわけです。

それが訪問の予約もしないで、「私が大家です。ぜひとも物件を紹介してください！」と訪問したところで、当の営業マンの気持ちは切り替わりません。しかも、今すぐお金になる話ではありませんから、あなたと時間をかけてじっくりと打ち合わせをする余裕などないでしょう。

仲介店舗には役割の分担があります。たいていは店長クラスの人が大家さんと面談をします。週末は混み合いますので、あらかじめ訪問を予約することにより、打ち合わせの時間を確保してもらいます。訪問する時間帯は、お客さんがそれほど多くない午前中が望ましいです。

【2章】決めパターンを持てば退去前に空室は埋まる！

あなたの物件ごとの決めパターンを作ろう

複数の空室がある中古のアパマンを３ヵ月で満室にする戦略には、次の７つのプロセスがあります。ここでも、先ほどＰ52〜57で紹介した相模原市のＲＣマンションをイメージしながら、読み進めていって下さい。

①不動産管理会社の決定

まずはパートナーとなる管理会社を決定する必要があります。そのための選定方法には、次の3つが考えられます。

・これまでの管理会社にそのまま依頼する
・物件売買時の不動産仲介業者に探してもらうか、そこに依頼する
・あなたが新規で探す

あなたが新規で探す場合は、検索エンジンを使って「エリア名＋賃貸」といったキーワードで当たりをつけ、実際に面談をした上で、対応のいい不動産管理会社を探してみてください。

②室内リフォームの手配

不動産管理会社が決まったら、さっそく室内リフォームを依頼し、一室でも先行して「商品化」し、募集をかけられる状態にしておきます。そして募集をかけながら次のステップを同時に進行させていきましょう。

③「ハード」（物件そのもの）を改善する

続いて満室トリガー6〜11「ハード編」で詳細を確認して、取り組めるところから実施

します。現地看板がきちんと設置されているかを確認して、なければ問い合わせ先の明示された看板を管理会社に設置してもらいましょう。

エントランスや共用部分が汚れていたなら、しっかりと丁寧に掃除をして、内見があったときに備えておきます。これは既存の入居者にとっても、エントランスや共用部分が整理整頓され、きれいな状態なら喜ばしいものです。入居者満足度のアップにもつながります。

募集するための室内写真の撮影、モデルルームを造るのであれば、その段取りをします。更にはカラーコーディネートを施したり、現地にキーボックスを置き、商品としてベストの状態になるよう努めます。

④「ソフト」(募集条件など)を見直す

次は、募集条件などの「ソフト」を見直します。満室トリガー1~5を確認しながら、あなたの物件が、いったいどのポジションにあるのかを確認することが大切です。その上で、エリア内にある同条件の物件の募集条件を調べましょう。それを参考にして、あなたの経営方針と合わせて、物件の募集条件を決めていくのです。

もしも物件名を新しく考え直したほうがいい場合には、ネーミングの検討をします。また、既存入居者のプロフィールを考え、USP（物件独自のウリ）も考えていきましょう。

⑤「マーケティング」を行う

続いては「マーケティング」です。満室トリガー12～21を確認しましょう。

アピールポイントがわかりやすいマイソクになっていますか？
賃貸物件の主要なポータルサイトにあなたの物件情報は掲載されていますか？
サイトにはどのような売り文句で掲載されていますか？
物件のホームページは持っていますか？
ライバル物件の情報を収集していますか？

それらの項目を1つずつチェックしていきます。

⑥現入居者の満足度アップにつながる投資

これらを進めながら、既存入居者へのあいさつもしたほうがいいでしょう。それには直接、あなたが訪問してもいいですし、管理会社の担当者にお願いしてもかまいません。その際に、入居者の不満を探るのがポイントです。

私の経験からすると、既存入居者は、物件の前オーナーや管理会社に対して、リフォームや小規模修繕などのサービス面で不満を覚えていることがよくありました。

あなたが物件を購入して、新オーナーになった場合は、既存入居者から困っていること、直してほしい要望を聞き出して、極力応えられる体制にしたほうがいいと思います。その結果、特別な事情がない限りは長く住んでもらえ、退去者の減少にもつながるのです。

次に、新オーナーに代わったとき、既存入居者からよくリクエストされた例を4つ挙げておきます。その通りに叶えたら、とても喜ばれた事例です。

・防犯性に優れた鍵にグレードアップしてほしい
・電気コンロからＩＨクッキングヒーターへ交換してほしい
・古いエアコンを新しいものに交換してほしい
・共用部分の防犯対策をしてほしい

⑦満室スター・チャートによるチェック

1～5のプロセスを誠実に実行すれば、空室問題も解消されていくと思います。しかし、ある程度まで対策をしたら、再び「満室スター・チャート」をチェックして、まだ不十分な事項がないか確認することをお勧めします。

常に課題をチェックして、クリアすることをくり返していけば、複数空いている中古アパマンでも3ヵ月で満室になるはずです。

決めパターンによるPDCAを確立しよう

ここまで解説してきた内容で、ご自身の物件の決めパターンができるはずです。決めパターンができたら、あとはそれを事務的に繰り返していけば満室が達成されます。

私が空室対策コンサルティングをしてきた中で、120室中80室ぐらい空室がある物件がありましたが、決めパターンを見つけて繰り返すことで埋めていきました。今回挙げさせていただいた相模原市のＲＣマンションも同様です。

ただし、時間が経って周囲の物件に真似をされ始めてしまうと、1つの決めパターンでは対処できないケースもあり得ます。

そのような場合、PDCAをまわしながら決めパターンを改善していきましょう。つまり、まずは決めパターンを1つつくり、それを空室対策していく中で定期的に見直しをし、決めパターンを改善していくのが非常に大切です。

新しい改善案は、仲介営業マンや不動産の管理会社との人間関係を積み重ねていくことによって生み出されるものです。そこで次の「空室対策は泥臭い人間関係の積み重ね」につながっていくのです。

あなたは、「満室大家リーダーシップ」を持っていますか?

大家さんは「賃貸経営事業者」としての自覚を持つ必要があります。「賃貸経営事業者=社長」として、大家さんはチーム運営をしていかなくてはなりません。

チーム運営とは、賃貸経営をめぐる関係者と協調して、それぞれの利益を上げていく方法です。賃貸経営という舞台には、実にさまざまな登場人物が関わっています。「私は損をしたくない！　私だけは高く貸したい！」と、自分の欲だけを考えているような人からは、チームメンバーがどんどん離れていきます。

チームメンバー一人ひとりの実情も異なります。それなのに、チームをまとめようせず、あなただけの現実や欲得しか見ていない状態では、埋まる空室も埋まらなくなってしまいます。

空室物件は、あなたひとりだけで埋めているわけではなく、そもそも入居希望者が、あなたの物件を選んで契約をして、住んでもらわないことには始まらないのですから。入居者、管理会社、客付業者、リフォーム業者の関係性でいえば、まず入居者がいます。次に管理会社の担当者がいます。更に入居者を仲介する客付業者の賃貸営業マン、リフォーム業者の存在も重要になります。

つまり賃貸経営とは、大家さんだけがどれほど優れた能力を持っていたとしても、肝心の入居者がいなければ空室は埋まりませんし、管理会社の担当者もいなければ、物件を維持することすらできません。更には仲介業者の営業マンがいなければ、入居希望者とのマッチングができません。また、リフォーム業者がいなければ、空室を埋めるための原状回復さえできないのです。

そのようなメンバーたちの関係性や、メンバーたちから受けている恩恵をしっかりと理解して、あなたが社長としての自覚を持ってチームをまとめていかなければ、まぐれで満室になることはあっても、維持し続けるのは難しいでしょう。

大家さんは各メンバーの置かれた状況と、空室を埋めるまで、また埋めたあとで、その思惑がどのように変化するのかを考えていく必要があります。

その胸の内を知ることで、何をすればメンバーたちが喜ぶのか、また負担に感じているのか、大家さん自身が気をつけるべきポイントがつかめるはずです。そうなれば、また一歩、満室経営への道を歩み始められるでしょう。

第Ⅱ部

満室対策編

退去者を出さない方法

#【3章】一番カンタンな空室対策 それは入居者が出て行かないこと！

不動産管理会社の日常業務を知ろう

これまでの第1部では、空室を満室にする方法、空室対策について解説してきました。ここからは第2部として、満室経営を維持する方法、満室対策について解説していきたいと思います。

その満室経営を維持するための最も大切なパートナー、それは不動産管理会社、そしてその担当者です。満室経営をするにあたって、一番頻繁に連絡して、一番関わる時間が長い不動産管理会社にも関わらず、その担当者がどのような日常を送っているかを把握している不動産投資家はあまりいません。

「不動産管理会社の仕事？ 空室を埋めることですよね？」というのは間違いです。

ここでは、不動産管理会社の担当者の平均的な1日を考えてみたいと思います。

午前10時出勤 掃除をして、メールチェック、郵便物をチェックしたら、解約通知に対する対応、入居申し込みに対する対応、クレーム対応、新規契約書の契約書チェック、更新契約書チェックをします。

具体的には大家さんに電話をかける。メールをする。それで対応できない場合は、アポを取って訪問の段取りをします。

新規募集の内容を事務に伝達。銀行に記帳に行くか、ネットで入金をチェックする場合もある。ここで、大体午前中が終わります。

午後1時にオーナー訪問をして、入居申し込みの説明、解約、次回申込みの説明。ハンコをもらう契約書があれば、契約書への署名・捺印。クレームがあった物件のクレームの現地対応。退去立会いがある場合はその立会い。

午後4～5時頃に帰社。その後、メールチェック、郵便物をチェックしたら、解約通知に対する対応、入居申し込みに対する対応、クレーム対応、新規契約書の契約書チェック、更新契約書チェックをします。

具体的には大家さんに電話をかける。メールをする。それで対応できない場合は、アポを取って訪問の段取りをします。午後7時帰社。

これが、基本的な不動産管理会社の日常でしょう。不動産管理会社の担当者は空室対策については、募集条件を大家さんに確認し、パート事務員に流しているだけです。パート事務員は事務的な入力をして、募集図面を作成していくのです。これでは空室は埋まりません。

不動産管理業者の不動産管理委託契約書は、空室がすぐに埋まることを前提に書かれている、といっても過言でない契約内容です。

もちろん、空室問題が騒がれ出してから、空室対策に比重を置き、リーシング専門を切り口にした管理会社や、管理会社の中にリーシング部門を置くような先鋭的な不動産管理会社もありますが、まだまだ、先述のような1日が標準になっている不動産管理会社担当者が多いのも事実です。

物件の社長としての日常業務の定点チェック

私は、第1部でも「賃貸経営事業者としての認識をもとう」と書きました。あなたは物件の社長なのです。コンビニエンスストアの店舗のオーナーである、というイメージが分かりやすいでしょうか？

先述した不動産管理会社担当者の日々やっている仕事を抜き出すと、次のような仕事に分けられます。

・契約
・家賃管理
・クレーム対応
・更新
・退去

これらを不動産管理会社の担当者が、あなたの物件に対して、しっかり対応しているかをキチンとチェックする。これが物件の社長であるあなたの仕事なのです。

そして、これらをチェックして、課題があった場合、その課題を解決することが入居者満足につながり、結果として長期入居につながっていくのです。これを私は「入居者が出て行かない空室対策＝満室対策」と呼んでいます。ここでは、入居者が感謝をして出ていかない確率を高めていく方法を解説したいと思います。

満室ライフサイクルチャート

「満室経営」に限りなく近づけるには、部屋探しから入居、退去（卒業）まで、常に入居者の立場に立ち、入居者目線の経営を行っていく必要があります。これを私は「満室ライフサイクル」と呼んでいます（3-1）。

満室ライフサイクルをもう少し具体的にいえば、入居者が「入居から退去（卒業）するまでの動き」です。部屋探しから始まり、物件を見て、入居の審査があり、そして契約を経て入居です。

● **3-1**（満室ライフサイクル）

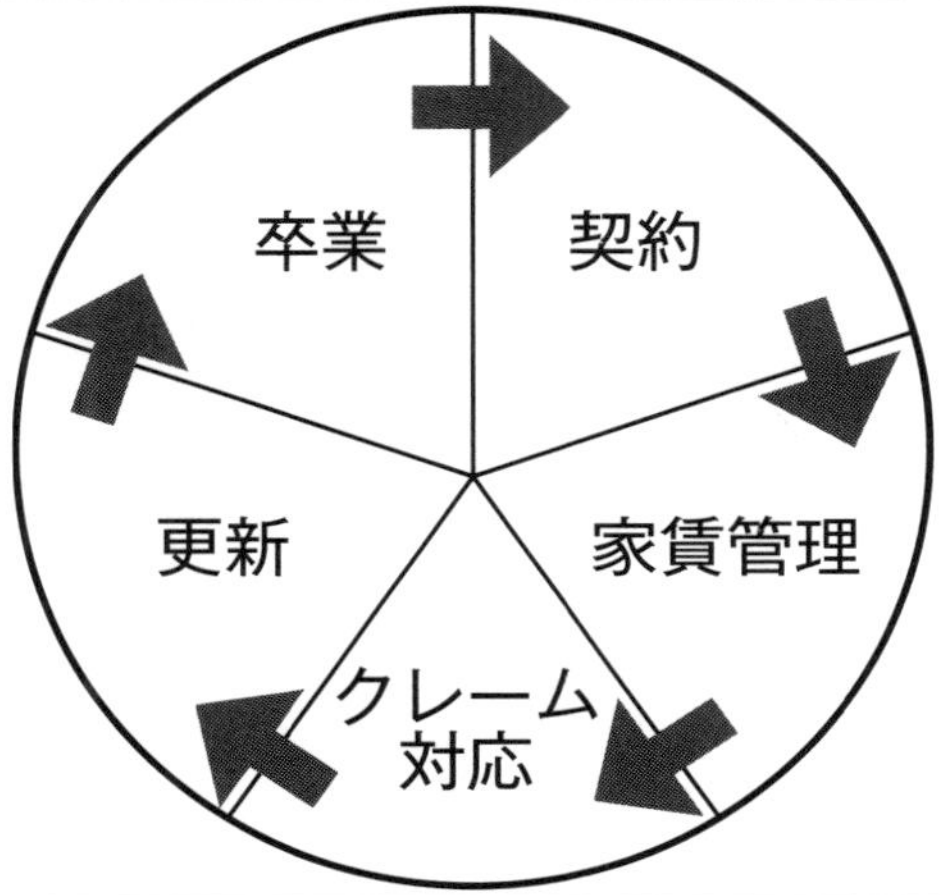

そこから先は、毎月家賃を払って小修繕等を対応して、2年に1度は普通借家契約であれば、更新、定期借家契約であれば、再契約する必要があります。

こうして長く住んでいただきますが、やはり退去の時はやってきます。退去時には敷金精算があります。入居者が、物件に住み始めてから引っ越しをするまでの一生。これが入居者の満室ライフサイクルなのです。

入居者のライフサイクルから考えた「満室経営」を考えると、5つのカテゴリーに別れます。このカテゴリーは不動産管理会社の管理面の枠の中にあるカテゴリーとほぼ同じです。

入居者の入居から退去（卒業）までの賃貸借期間を、入居者のライフサイクルと考えた場合、このような流れで、満室経営を捉えていく必要があります。

これは入居者審査、更には退去時にトラブルにならないことを見据えた賃貸借契約までの一連の流れ、これが「契約」です。そこから、「家賃管理」、毎月の家賃の支払いです。「クレーム対応」、日々のクレームに対応します。そして「更新」です。もしくは定期借家契約であれば再契約です。最後に「退去」です。私は「退去」のことを「卒業」と呼んでいます。これらの5つの要素を落とし込むことが、「ライフサイクル」になるのです。

この「満室ライフサイクルチャート」については、次章より詳しく解説しています。

【4章】満室ライフサイクルチャートで管理会社と強固な絆を作ろう！

入居者審査はあなたがしっかりチェック

それでは、ここから、満室ライフサイクルチャートについて、1つ1つお話しをしていきたいと思います。まずは「契約」からです。

入居希望者から入居申し込みがあれば喜ばしいですが、ここでちょっと考えてください。多くの不動産投資家さんが「とにかく入れて満室に！」と焦る傾向にあります。その気持ちはよく理解できますが、極めて慎重に対応することが大切です。

このようなとき、仲介業者に悪意はないにせよ、入居者を吟味せず無理矢理に入居を決めるということがあるからです。その結果、家賃滞納を引き起こしたり、騒音やゴミ捨ての問題でまわりに迷惑をかける……そういった不良入居者である確率が高まります。

ここでお伝えしたいのは、はじめての賃貸借契約における入居審査の重要性です。よく「不動産投資は出口戦略が重要」と言われますが、賃貸経営においては「入口対策」こそが重要だと考えています。

入居審査をしっかり行い、家賃滞納や不良入居者の入居を未然に防ぎます。この入口対策ができていないと入居後のリスクが高まります。

しかし、人口が減って内見者数も減っている中で、審査基準を高くし過ぎては、入居が決まらないのも事実です。そういう意味では、審査のハードルを下げて、入居を募らなければならないこともあります。

その場合、限りなくリスクを細分化して、入居させる必要があります。たとえば定期借家契約を有効に使うこと。更に、入居審査を管理会社依存型ではなくて、大家さん自らが

5～10分かけてチェックを行うのは、今後ますます重要になっていくと考えます。

入居審査をするにあたって焦りは禁物です。また「何とかなるだろう」という性善説をやめましょう。賃貸経営を行う上で、ポジティブシンキングはとても大切ですが、入居審査にあたっては安易に「この人はいい人だろう」と判断してはいけません。どちらかといえば、「申込書の記載内容は正しいだろうか？」という、性悪説に立つ必要があります。

また一般媒介で仲介業者から直接に申込みをもらうにしても、管理会社を通して申込みをもらうにしても、「物件を止める（入居募集をストップさせる）のは、管理会社でなくて大家さんである」ということをしっかりと話をします。

書面審査の重要性

ここで大事なのは、不動産業者から電話だけの口頭レベルの入居申込は、受け付けないことです。よく電話がかかってきて口頭で説明を受けて、入居を受け入れてしまう場合がありますが、ここはいろいろなリスクがありますので、必ず何らかの形で書面をもらうべきです。

あくまでも書面ベースの確認をもって「物件止め」します。具体的には自宅へファックスで送ってもらう、自宅へメールにPDFファイルを添付して送ってもらう、もしくは郵送してもらう、もしくは近くに住んでいれば届けてもらうなど、いろいろな形で紙媒体を受けとりましょう。その上で、自分で申込書のチェックを行って、はじめて物件止めをします。

書面審査で何がわかるかといえば、まず文字です。文字は人を表すとよく言いますが（私も人のことは言えませんけれども）、それと同時に、その文字を読むことで物件に対する申込みの本気度、更には入居者の性格というものが見てとれます。属性、性格の判断材料となり、入居後のトラブルリスクの判断材料にもなります。きちんと丁寧に住所を書く人、更には住所が2～3回も書くところがあれば汚い字で「同上」と書く人、どちらの本気度が高いと思いますか？

字が丁寧な人は本気で物件を決める可能性が高いですし、しっかりした方だと思います。字が乱雑で空白だらけの人は、性格が大雑把かもしれません。入居者の属性がいかに良くても、性格は人それぞれなので、入居希望者自らが書いた入居申込書を、大家さんが自分の目でしっかり確認することが大切です。

中にはきちんとしていても、度が過ぎてしまっているようなケースもあります。その場合は、神経質すぎる入居者で入居した後に、「道路の音がうるさい、隣の音がする」といったクレーマーとなる可能性もあります。

そのため入居説明のときに「この物件は鉄筋コンクリート造りですが、投資用に建てられた物件ですから、壁1枚で隔たれたお隣から音がする、外の音が入ってくる可能性があります」ということを、契約時に伝えるべきか検討します。

逆にすごく大雑把な字体で空白も多いという人は、入居後の家賃支払い、ゴミ出しルールなどがルーズになる可能性を秘めています。

ですから、その点をしっかりと伝えなければなりません。入居説明では、そういうところも重点をおいて伝える必要があります。このような形で入居申込書から、どういう入居者さんの性格なのかを読み取ることが必要です。

次の3点もチェックすること

次に入居審査のポイントとなるのは以下の3点です。

・今、どこに住んでいるのか？
・なぜ引越しをするのか？
・勤務先はどこなのか？

なぜ、引越し理由を再確認するのでしょうか？　これは管理会社が入居審査する上で、更には賃貸営業マンが客付をする上で、よく把握されていないまま部屋探しをしており、審査を通しているケースがあります。というのは本来、引越しの理由がなくても部屋選びができますし、入居審査ができるからです。

たとえば、滞納保証会社や入居申込書の中に、更新が引っ越し理由だった場合、更新という欄に○がしてあったとしても、「なぜ更新をするにあたって、引っ越しをするのか？」という理由を聞きましょう。

そうしないとトラブルに遭う場合があります。とくに近い住所から近い住所へ引っ越す場合、これは不良入居者であるかもしれません。

このように、入居後のトラブルを予見するためにも、引越し理由の確認をすることは必要です。その他、本人確認、在籍確認、就業確認を管理会社の基準に則《のっと》って確認します。

家賃管理は仕組みをつくってチェック

次に不動産投資家として日常の賃貸経営の要でもある「家賃管理をどのようにやっていくのか」についてお話をします。基本的には、管理会社に管理を委託するケースが多いでしょうが、物件の社長として、不動産投資家は「まったく知らない。すべておまかせ」ではなく、家賃管理がどういうものなのかを把握しておく必要があります。

たとえば滞納者があった場合には、「どういう状況で、どういう形になっているのか？」を理解するという意味でも、本章を参考にしてください。

賃貸経営事業者として自覚を持った上で、管理会社にアウトソーシングをする場合、自分が軸となるのは同じですが、実際に動くのは管理会社です。それぞれによって仕組みの作り方が変わってきます。

賃貸の督促をする上で必要な考え方は、次の3つです。

①督促しない仕組みを作る
②督促をするなら、ストレスにならない仕組みを作る
③リカバリーできそうな滞納者への対処法

まず督促の仕組みのつくり方とノウハウを説明します。契約時に「家賃の振込み」という仕組みを作ります。そのための方法をいくつか提案します。

・契約時に自動引落しにしてもらう
・自動引落し対応の保証会社を契約の条件にする
・銀行口座からの自動引き落としにするか、もしくは自動引き落とし対応の保証会社の契約を条件にします。その場合、クレジットカードからの引き落としになります。・入居者

のメインバンクから自動送金手続きをお願いする

以上から選択をしてもらいます。このように、契約のときに銀行印をもってきてもらい、自動送金の仕組みをすることで、その後のストレスが違ってきます。大切なのは「契約の段階で」そのような仕組みにできないかを考えることです。

なお、メインバンクから自動送金手続きをお願いする具体的な方法は以下です。

①不動産会社に入居者のメインバンクを事前にヒアリングしてもらいます。
②不動産会社に入居者のメインバンクの自動振替用紙を契約時までに用意してもらいます。もしくは大家さん自身で用意します。
③契約時に、入居者のメインバンクの自動振替用紙を入居者に記入し、手続きしてもらいます。それを銀行へ送付すれば、自動送金になります。

このような形で、自動で家賃を支払う仕組みをつくります。注意点として、自動送金の開始月はある程度時間がかかりますので、それまではご自身に家賃振り込みを行ってもらう必要があります。それも交渉次第では合わせて前家賃としてもらうことができます。

クレーム対応で信頼残高を高めよう！

次にクレーム対応についてお話ししたいと思います。

毎月家賃を期日通り支払ってくれる入居者さんばかりで、賃貸経営がとてもうまくいっているときほど、入居者さんと大家さんとの間に接点がなくなっています。

そういった中で、「エアコンが壊れた。いつになったら直るんだ！」「上の階がうるさすぎる！」といった入居者さんからクレームがあがり、それに対応することは、入居者と接点ができるきっかけになります。クレーム対応の際も「入居者と接点を持つ」という気持ちに立って行うことが重要です。それを意識しないで対応してしまった結果、双方にとって大きなストレスになる場合もあります。

それではいいクレーム対応についてお話したいと思います。

最近、テナントリテンションという言葉を耳にする大家さんも多いと思います。直訳すれば「借主の維持」で、既存の入居者さんに長く住んでもらう対策を指します。有名なテナントリテンションとしては、「誕生日に入居者へプレゼントする」などを思い浮かぶかもしれません。

しかし、一番のテナントリテンションは、「クレーム対応をしっかりする！」ことです。いいクレーム対応をすれば入居者は満足度が高まり、大家さんへの信頼残高が積み重なると考えます。

信頼残高とは銀行預金のように、信頼を積み上げた結果を言います。少しずつの信頼をコツコツと積み上げた結果、それが大きな信頼となり入居者に長い間住んでもらえます。たとえば、高い家賃の入居者が退去する理由ですと、入居した当初は、その家賃が相場よりも高いと気づかなかったからです。そのうち自分の部屋の家賃が相場よりも高いことに気づき、「損をしているな！」と思うようになります。

すなわち信頼残高が減っていくので、契約更新のタイミングが来たときに退去されてしまうケースもあります。

一方、家賃が安く相場よりも値ごろだった場合は、満足度が高く長く住んでもらえます。設備が壊れて新品に交換したら「よい大家さんだ。住みやすい部屋だ」という認識が芽生えます。

このようにしっかりクレーム対応をするということも、信頼残高が積み重ねにつながります。その結果、入居者が物件のファンとなり、長く入居してもらえるのです。このことから、クレームに対して「めんどくさい」「うんざりする」といったネガティブな印象を持たず、チャンスの1つとして捉えましょう。

悪いクレーム対応は信頼残高を激減させ、退去要因になりえます。そもそもクレームを言う人は、物件に対する期待値が高いと考えられます。つまり、大家としてクレームを聞く姿勢も大事です。更にはクレーム対応によって、物件自体の評価が変わります。次はクレーム対応の種類についてお話をします。

①ハードクレーム

建物・設備・仕様に対するクレームです。

②ソフトクレーム

これは人に対するクレームで、ゴミ出しや騒音トラブルがあります。

③第3のクレーム

「自分を大切にされていない」など、存在が傷つけられた時に発生するクレームです。人との接点がなかったときに起こりうる現代的なクレームの1つと言えます。

これらには「緊急性のある」クレームと「緊急性のない」クレームに分けられます。たとえば、私の仕事はインターネットが主な生業としており、それが使えないのは非常に緊急性のあるトラブルです。

一方でインターネット接続を月に数回しかない人からすれば、緊急性のないクレームに分けられます。つまり、発信者の状態によっても緊急性が変わり、それによって対応を考えていく必要があるのです。また第3のクレームには、2次クレームと言われる、クレームに対するクレームもあります。

クレーム対応の実践ノウハウ

次にクレーム対応の実践ノウハウをお伝えします。クレーム対応における入居者との円満な解決方法を探るために、管理会社さんにどう動いてもらうべきかのアドバイスは3つです。

①履歴を残す

大前提として必ず履歴を残します。正式な書類ではなく手書きのような簡易的なものでいいと思います。なぜなら、たとえばそのクレームが、更なる2次クレームを呼んだ場合、「なぜそうなったのか？」ということを振り返って検証できます。

2次クレーム対応では、最初のクレーム対応の仕方によっては謝罪する必要もでてきます。その解決策が履歴を残しておくことで見つかりやすくなります。次に履歴の残し方です。

「いつ（When）、どこで（Where）、だれが（Who）、なにを（What）、なぜ（Why）、どのように（How）」という6つの情報伝達のポイントを押さえて、履歴を残しておくことを習慣化しましょう。

何か動きがあったときも、その都度に履歴をとっておきます。クレーム対応では何事においてもメモを残しておくのが必要です。管理会社と大家さんの報告、クレーム対応についてのやりとりも履歴に残します。このクレーム対応の履歴にどういう効果があるのでしょうか。

たとえば契約更新時に、「過去にどういったクレームがあったのか？」が検索できます。「物件の履歴」としてだけでなく、その入居者が、「どういうことに対して、どのようなクレームをしたのか？」が、把握できますから、その入居者に対して個別具体的な対応をするときの参考になります。また、それによって更新を拒絶するなど、考えながら対応することができます。

②入居者に経過報告

これは俗にいう進捗状況の報告です。クレーム対応を外注している不動産管理会社で、24時間対応のコールセンターに外注した結果、進捗状況の報告を大家さんが受けている場合と、受けていない場合。更にその進捗状況の報告が入居者にできている場合と、できていない場合があります。

それに対するタイムラグが入居者にストレスを与えていることが考えられます。ガスの給湯器が壊れてしまったとき、物理的に今日対応できる場合もあれば、たとえばお盆時期やゴールデンウイークなど、長期休暇の場合は休み明けなど、期間が空いてしまうケースもあります。

入居者にストレスのない生活を送ってもらうためには、進捗状況の報告が必要です。結果が出ていなくても、随時進捗状況の報告をすることで、入居者の不安を緩和し、大家さんへの信頼が勝ち取れます。

また、入居者が不在のときに、たとえ入室許可をもらっていても、現場から「これから室内に入室します」「修理が終わりました」と現場の完了報告の有無でも入居者の満足度が大きく変わってきます。このように履歴を残すことと同様に、経過報告を随時入居者にするのも非常に大切なのです。

更新・再契約は、あなたの評価と直結する

賃貸経営のサイクルは、毎月の家賃の支払いを受けて、クレーム、修繕など日々の対応をしていきます。その中で、通常の賃貸借契約であれば2年に1回、更新と、再契約の業

務があります。

・更新→普通借家契約
・再契約→定期借家契約

更新は普通借家契約において2年に1回、契約の更新をすることで使われます。それに対して定期借家契約は期限が決められている契約で、更新という考えがありません。表現としては再契約となります。新契約にも次の2つの種類があります。

①合意更新

貸主と借主、この2者が更新料をすることに合意をして書面で契約をします。更新料が発生して、それが不動産管理会社の収益源になっています。

②法定更新

こちらは、そのまま更新をしない期間の定めのない契約で、更新契約自体は行われません。つまり、更新料が発生しないことになります。法定更新をする注意点は、入居者との接点がなくなる可能性があることです。

良好な関係を築いている入居者でも、まったく接点をもたないといくつかのリスクにつながります。火災保険、もしくは滞納保証会社においても、代理店として管理会社が契約する場合は、「きちんと火災保険に入っているか？」を大家として把握することができません。

合意更新の場合は、契約更新の際に併せて、火災保険・滞納保証会社の更新もあり、場合によっては連帯保証人への更新の意思確認をする管理会社もあります。合意更新の方が2年に1回でも顔を合わせることで、それらのメリットがあります。

ただし、契約書作成業務が発生して、更新料が発生するのが入居者にとってデメリットです。その場合は大家さんが費用負担をして更新する場合ケースもあります。

合意更新のフロー

合意更新と法定更新の2つを説明しましたが、普通借家契約で行う場合は最良案として次のものがよいと思います。

①基本は合意更新

基本としては契約を取り交わして、合意更新をするのが望ましいでしょう。

②管理会社に来店してもらい面談

合意更新の際には管理会社に来店してもらい面談をします。そうすることによって2年1回は、入居者と管理会社が接点を持てます。自主管理の大家さんの場合は、自身が面談をして合意更新することになります。

③書類を取り交わす

④クレームのヒアリング

更新の書面を取り交わす際に、物件に対するクレームなどもヒアリングをすることを説明します。2年住んでいる間に、物件への不満や要望を述べてもらいます。不満の火種を持ち続けたまま入居し続けるのは、クレームの章でもお話ししましたが、信頼残高を下げながら入居し続ける状況になるからです。

更新契約のときに、小修繕も含めた部屋に対する困りごとや、グレードアップの希望をヒアリングして、場合によっては補修改善をすることで、不満をリセットするきっかけにします。

⑤更新料、更新事務手数料の発生

エリアの商習慣に合わせた更新料、もしくは更新事務手数料が発生します。基本は入居者が支払いますが、状況によっては大家さんが負担してもよいでしょう。

⑥火災保険・滞納保証会社は各社で請求

火災保険と滞納保証会社で更新がある場合は、各々から直接請求をしてもらって流れを築くといいでしょう。

定期借家契約の普及には壁がある

定期借家契約は世界を基準とした賃貸借契約を見た場合、普通の契約であり、逆に日本の普通借家契約は世界を基準として見た場合、異常借家契約と言ってもおかしくありません。普通借家契約は戦時立法で、賃借人の立場をより有利にするために生れた契約だからです。

普通借家契約の場合は、入居者保護の観点の高い契約になっており、大家さんにとっては、とくに立ち退きの点で、不利な内容になっています。中には「定期借家契約こそ普通借家契約だから、定期借家契約にすべきだ！」と提唱している大家さんや管理会社さんもいます。

しかし定期借家契約には「普及の壁」というものがあります。

現在、定期借家契約の普及は5％未満と言われています。

入居者の立場からすると普通借家が普通であるという認識をしています。また、今の賃貸営業マンは普通借家契約のマニュアルで育っており、かつ大手のフランチャイズもそうですが、賃貸管理ソフトも全て普通借家契約のマニュアルで育っている文化にあります。

ですから賃貸営業マンが定期借家契約に抵抗を覚えるのも事実です。

また大家さん、不動産会社管理会社も定期借家契約に対する知識が不十分です。

よって入居者の理解や不動産業者の協力が得られない、それが普通借家契約の壁です。

定期借家契約の基本3原則

ここで定期借家契約についてお話しします。定期借家契約には、基本の3原則というものがあります。

①書面による契約

普通借家の場合は口頭レベルの契約でもかまわないところが、定期借家契約になると書面による契約をする必要があります。

②貸主より事前書面交付と説明義務→別書面で行う（代理可能）

これは1枚の契約書から分離した紙で「この契約は定期借家契約で更新はありません」という旨を、貸主から借主へ書面をもって説明する義務があります。貸主が入居者とこの書面を取り交わすために、契約時に必ず貸主が立ち会う必要はなく、代理人を立てることも可能です。

不動産管理会社が大家さんから委任を受けて、入居者に説明もできます。普通借家契約と違うところとして、書面をもらう手続きがひと手間増えます。

管理会社が貸主に委任状をもらってから契約をしますので、ここでも業務上の手間がかかります。

③契約終了手続き↓6カ月前までに契約終了の旨を通知

2年間の定期借家契約であれば、これが6カ月前までに契約終了の旨を通知しなければいけないということで、これにも不動産管理会社の手間がかかります。

このように、3原則を押さえた上で契約を取り交わすのは、管理会社にとって煩雑な手続きが多いのです。そこまでして定期借家契約をするメリットが管理会社には見受けられません。その結果、定期借家契約に対して前向きの回答を出さない管理会社が多いのです。

定期借家契約のメリット・デメリット

このように普及の進んでいない定期借家契約ですが、大家さんにとっては有利な点が多くあります。定期借家契約で入居すれば、不良入居者を合法的に退去させることができます。具体的には立ち退き業務が発生したとき、立ち退き料を支払わずに引越しをしてもらうことが合法的に可能です。

またオーナーの方で決定した家賃をそのまま使える、契約期間をオーナーが自由に決められるなど、契約内容においてオーナーの裁量性が大きいことが特徴です。これらを考えると不良入居者の排除に向いている契約といえます。

【定期借家契約の5つのメリット】

・不良入居者を立ち退かせることができる
・家賃の改定ができる
・立退き料不要
・建物明渡し請求手続き不要
・契約期間の自由設定

ここで考えなければいけないのが、全国的に普及されていない定期借家を前向きに導入することが、空室対策や賃貸経営からみて、どのように扱われるかということです。

現在、普通借家契約が100軒あるうち、定期借家契約は5軒しかありません。私が北海道から沖縄までコンサルティング業務をやっている中で、定期借家契約を実践しているのは東京・神奈川の関東圏と大阪といった首都圏が中心です。

つまり特別扱いの物件となります。賃貸営業マンにしても定期借家契約での契約をした経験が乏しいですから、「とても面倒な物件」と位置付けられる可能性もあります。その点から考えても、営業マンが積極的に定期借家契約の物件を紹介するとは思えません。むしろ物件紹介の優先順位が下がる可能性があります。

また、入居者からみても、普通借家契約より定期借家契約のほうが、あきらかに内容が不利になります。

営業マンから「いや、これは不良入居者の排除のためにしたもので、再契約を前提とした再契約型の定期借家契約です！」と説明を受けたとしても、入居者としても合法的に立ち退かされるリスクを背負わなければなりません。

このように空室対策として考えた場合、定期借家契約の積極的な導入は、かえってハンデを背負いかねないことも理解してください。

定期借家契約は不良入居者を排除する前提としている面からすれば、普通借家契約でも極力、不良入居者を入れない入口対策は可能です。また貸主が管理会社になって、使用貸借の契約を結ぶことにより、定期借家契約と同等の契約形態を築くこともケースによってはできます。

たとえば、連帯保証人つきの物件では、普通借家契約の場合でも、連帯保証人に解約権を与えることにより、その入居者を解約させることができます。

契約自体は普通借家契約ですが、「覚書を交わす」「特約部分に条文を足す」ことで可能です。あくまで一例ですが、不良入居者を入居させない入口対策と、しっかりとした契約で、定期借家契約と同じように不良入居者を退去させられるのです。

定期借家契約を空室対策に活かす方法

空室対策を定期借家契約で、どのように活かすのかを考えてみましょう。募集時点では普通借家契約で募集して、申込み内容次第で、定期借家契約を提案します。

まず外国籍の方であれば、基本的には定期借家契約を当然の契約としてかまいません。外国籍の方からみると日本の普通借家契約はむしろ「異常」で、外国籍の方との契約の場合は最初から定期借家契約で問題ありません。

外国籍の定期借家契約の場合は、オーナーが期間を決めることができますから、場合によっては3カ月単位にしたり、6カ月単位にしたり、マンスリーのような形で定期借家を結んでもよいと思います。

このケースで多いのは、当初を3カ月の定期借家契約で、2回目の契約を364日にします。なぜ365日ではなく、364日にするかといえば、定期借家契約では、1年以上の契約の場合、契約終了の1年前～6カ月前までに終了通知を出す必要があるためです。これが1年未満であれば必要がないとされています。

家賃の滞納などに問題がない入居者であれば、再契約を前提とした定期借家契約を結ぶことにより入居者は基本的に住み続けられます。オーナー側からすれば、不良入居者でない限り、住み続けてもらうことが可能になります。

たとえ日本国籍の方でも、家賃を払ってくれるか不安に感じたら、定期借家契約を提案してリスクヘッジするやり方ができます。いずれの場合も、募集時点は普通借家契約で募集するのがポイントです。

敷金精算トラブルは賃貸経営の不満の発露

入居者のライフサイクルは、まず適正な入居審査をクリアして賃貸を契約します。その後、毎月家賃を支払い、その中で修繕、クレームが生じます。そして2年に1度の更新契約を重ねます。その中で信頼残高によって「物件に長期で住む、住まない」というのが決まり、最終的には物件を退去していきます。

しかし、私は、そもそも「退去」という言葉は適切でないと思っています。退去ではなく「卒業」と定義したいと思っています。そこで改めて考えなければいけないのが、卒業時の敷金精算トラブルです。

どうして敷金精算トラブルが生まれるのでしょうか。本書では「不動産投資は出口対策、賃貸経営は入口対策である」ということを提唱していましたが、敷金精算トラブルが発生は、それが今の賃貸経営の結果の表れでもあります。

毎月の家賃の支払い、更にはクレーム対応、そういったことをしっかり対応してきて、入居者が何のストレスもなくお互いに幸せな状態で卒業するのであれば、敷金精算トラブルは起こりようもないわけです。

しかし、結果として敷金精算トラブルになるということは、反省して改善をしていく必要があります。家賃管理、クレーム対応、入居時の補修であったり、何らかの賃貸経営上の問題点が潜んでいるのではないかも含めて検討しなくてはいけません。

そもそも敷金とはなんでしょう？

そもそも敷金とは何かといえば「担保」のことです。「担保」を辞書で引くと、「将来、生じるかもしれない不利益に対して、それを補うことを保証すること、または保証するもの」とされています。つまり賃貸経営では、賃借人の賃料支払債務を担保する意味を持ちます。

現在、敷金の扱いには3つの形があると思います。

①敷金がとれている
②敷金ゼロだが、別途クリーニング代などをとっている
③敷金がとれていない

敷金1カ月ないし2カ月とれているのか、敷金0だが別途クリーニング代をとっている、敷金0でクリーニング代もとっていないというパターンです。

敷金がとれていなければ、ふた手間かかるため、あまり受けないケースがあります。ふた手間とは、たとえばそこにリフォーム代が発生した場合、従来通りに入居者から敷金がとれていれば、管理会社は入居者に対しては請求が要らずに、預かっている敷金から相殺できます。

ところが敷金が取れていなければ、オーナーさんへの請求にくわえて、更には入居者への請求という2つの請求が発生します。そういう意味で、不動産管理会社の担当者にとってのふた手間なのです。そのため、やはり敷金は事前にとっておきたい。しかし、敷金を多くとれば空室が埋まらない……というジレンマの中で、日々募集活動を行っていることを認識する必要があります。

退去立会いから敷金精算の流れと認識

退去の際に「退居立会い」が行われます。その際に部屋を原状に戻す業務として、原状回復があります。

そして、賃貸借契約書に基づいて、敷金精算を行います。敷金精算とは、入居者と貸主の原状回復に戻すための負担の割合を決める業務です。不動産管理会社のリフォーム担当者、もしくはリフォーム部門を持っていない場合は、管理会社の担当者が立会いをするケースが多いです。

リフォーム費用は一般的にオーナーさんが支払うものですが、必要以上に費用請求をしていたことが、過去にはありました。それが、いわゆる敷金精算トラブルとして残っている現状があります。なお原状回復とリフォーム業務は違う性質の工事です。原状回復は元に戻すための工事、リフォームはグレードアップの工事という位置づけです。

入居者の2つの義務

入居者には退去時に2つの義務があります。1つは原状回復義務。もう1つは返還義務があります。

①原状回復義務→借りた時の状態に戻す

原状回復とは借りたときの状態に戻すということです。具体的にいうと「入居者が自分で壊した部分を修理する」これが原状回復義務になります。

②返還義務→借りた部屋を返す

これは借りた部屋を返すことです。公共機関の契約、水道電気ガスが全部解約されている。部屋の中に残置物も含めて何もない状態。これが入居者の2つの退去時に課せられた義務となります。

WINWINとなる敷金精算の方法

入退去時の現況の確認をしっかり行うに尽きると思います。入居時の物件状況の確認シートを提出してもらう必要があります。またそれに付随して、入居時の写真、更には入居者の立場に立った説明をする必要があります。次の3点を簡単に解説していきます。

1. 確認シート
2. 写真に残す
3. 入居者の立場に立つ

1. 確認シート

①家主（管理会社）が確認
家主（管理会社）が入居時の状況を確認します。本当はお互いに同タイミングで一緒に確認しあうのがベストです。

②入居者が確認
次に契約後に入居者が確認をします。その上で

③お互いの確認シートを共有

④退去時はそのシートをたたき台にする

入居時の現況から退去時は「どのように変わったのか？」を確認します。

2. 写真に残す

①寄って撮影
壁のクロスに傷が入っていた場合、寄って写真を撮る必要があります。それはどういった状態か？　アップで撮影して確認します。

②引いて撮影
アップでは、それが部屋の中でどこの場所かわかりません。まず寄った現況を確認

する写真とともに、その写真がどこにあるのかを引いて、周辺のものも含めて写真を撮る必要があります。

③指差して

できれば引いて「ここの写真を撮ってますよ」と指で差して撮ります。退居時は入居時のことを忘れていますから、そのときの記憶をお互いに思い出す意味合いも込めて、指差し確認をして写真を撮ります。

わかりやすくバリエーションをつけた写真撮影で、入居時の物件状況を確認します。そして現況確認シートにどの部分に対して、どの部分の写真を撮っているのかを合わせて確認をとっておきます。

3．入居者の立場に立った説明

入居者の立場に立った説明とは、次の条件を満たす説明のことです。

①一方的でない

②互いの利益を尊重

よくあるのは「これこれこういう場合は入居者の負担になります」と法律に則って、「この場合は家主に責任はない」という風な、一方的な契約をする場合が多くあります。

入居者の立場に立ったときに、部屋を使う際の情報を入居者に事前に伝えておけば、入居者は物件をキレイに使ってくれます。このように生活に役立つ情報を事前に伝えておくことが大切だと思います。

入居者の立場に立った説明＝オーナー側が一方的に自分の利益だけを伝える契約めいたものだけではなく、お互いの利益、部屋を丁寧に使い続ける意識を持って生活することが必要ではないでしょうか。

結果的に敷金精算時に、部屋が傷まない状態で退去してもらえますから、オーナーもリフォーム費用もかかりませんし、入居者にも敷金精算時の金額が減ります。

敷金精算トラブルを起こさない

敷金精算トラブルを起こさないのは、入居者のメリットを考えて、必要事項を伝えることで、その結果、大家さんのメリットが生まれます。

もう1つ付け加えると、入居時にいわゆる物件状況の確認を、管理会社および家主さんがするときに、小修繕トラブルが起きないかのチェックも行いましょう。リフォーム業者は一般的には小修繕の点検は行わないものです。水道のパッキン交換、ドアの建付け、網戸の剥がれ曲がり等を事前にチェックして、その小修繕部分についてしっかりと対応してもらいます。更に言うならば、リフォーム発注時に、それらも含めて依頼をしておけると良いでしょう。

そして、入居時には「水道パッキンの交換はしてあります！」、「トイレやお風呂の電球交換をしてあります！」と、しっかり対応した旨を伝えて、入居者にすっきりとした状態で入居してもらいます。

そのような改善後に入居をしてもらえば、入居後の小修繕のクレームが無くなります。

満室ライフサイクルチャート（記入編）

それでは、「満室ライフサイクルチャート」に沿って、満室対策を考えてみましょう（P181、4-1）。満室ライフサイクルチャートの書き方は、次のようになります。

①チャートに**物件名**を記入します。

②物件の**資料**を用意します。物件の家賃支払精算書、契約書全般、あなたの物件の満室経営に関わる資料すべてです。

③その上で**「契約」**のところから順にあなたの物件で、改善すべき箇所はないか、以下のリストも参考にしながらチェックします。気がかりなところを契約欄の空白に思いつくまま記入していきます。

・申込書や必要書類が手元にくる仕組みはできているか
・その物件における自分なりの審査基準はあるか
・物件止めはいつの時点でするか、その仕組みはできているか

④続いて、**「家賃管理」**も同様に滞納があるかないか、家賃管理における仕組みづくりに改善案はないか、以下のチェックリストも参考にしながらチェックします。その上で、気がかりなところを契約欄の空白に思いつくまま記入していきます。

・現状の入金状況はどうなのか
・入居者の連絡が取れやすい手段、時間帯は把握できているか
・滞納保証会社はどのような保証内容になっているか
・滞納保証会社への滞納者はいるのか

⑤**「クレーム対応」**について現状気がかりなクレームがあるか、クレーム対応についての改善案はないか、以下のチェックリストも参考にしながらチェックします。その上で、気がかりなところを契約欄の空白に思いつくまま記入していきます。

・対応が遅れている（保留のままになっている）クレームはないか
・管理会社が業者まかせになっていないか
・入居者はその対応に満足しているかどうか

⑥**「更新」**について、現状更新予定はあるか、この先に気がかりな更新はないか、以下の

チェックリストも参考にしながらチェックします。その上で、気がかりなところを契約欄の空白に思いつくまま記入していきます。

・今月更新（再契約）の入居者はいるか
・2〜3カ月後に更新（6〜9カ月後に再契約）の入居者はいるか
・更新（再契約）をするための断れないオファーはなにか考える

⑦**「卒業」**について、現状退去予定はあるか、抱えている敷金精算トラブルはないか、以下のチェックリストも参考にしながらチェックします。その上で、気がかりなところを契約欄の空白に思いつくまま記入していきます。

・退去理由はなにか
・その退去はやむをえないものか、卒業なのか、物件がいやで退去するのか
・敷金精算は妥当なものか
・次の募集はできているか

⑧全体の書き出したところから、取り組むべき対策を**3つ**に絞り左下の優先事項欄に書き込む。

⑨スケジュール表を用意し、確認する**日時**をブロッキングします。ブロッキングしたスケジュールで何を行うか、確定します。

⑩これで、「満室ライフサイクルチャート」は完成です！　後は実践あるのみです！

● 4-1（満室ライフサイクルチャートの書き方）

満室ライフサイクルチャート

＜卒業＞

□退去理由は何か
□その退去はやむをえないものか、卒業なのか、物件がいやで退去するのか
□敷金精算は妥当なものか
□次の募集はできているか

メモ

＜契約＞

□申込書や必要書類が手元にくる仕組みはできているか
□その物件における自分なりの審査基準はあるか
□物件止めはいつの時点でするか、その仕組みはできているか

メモ

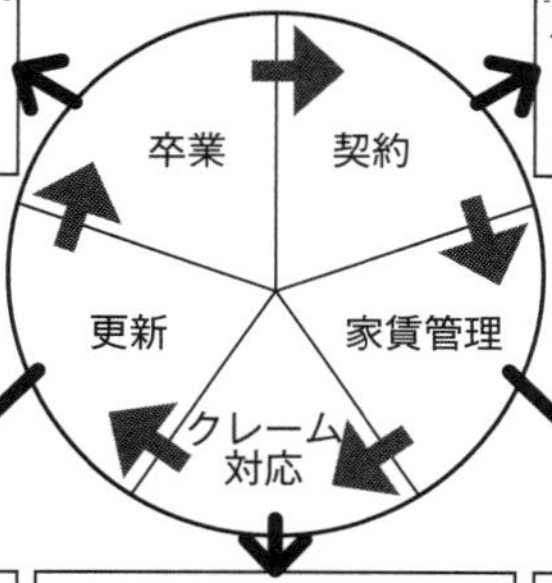

＜更新＞

□今月更新（再契約）の入居者はいるか
□2～3か月後に更新（6～9か月後に再契約）の入居者はいるか
□更新（再契約）をするための断れないオファーはなにか考える

メモ

＜クレーム対応＞

□対応が遅れている（保留のままになっている）クレームはないか
□管理会社が業者任せになっていないか
□入居者はその対応に満足しているかどうか

メモ

＜家賃管理＞

□現在の入金状況はどうなのか
□入居者の連絡が取れやすい手段・時間帯は把握できているか
□滞納保証会社はどのような保証内容になっているか
□滞納保証会社への滞納者はいるのか

メモ

優先順位

1. ＿＿＿＿＿＿＿＿
2. ＿＿＿＿＿＿＿＿
3. ＿＿＿＿＿＿＿＿

【5章】完全遠隔操作の満室経営を達成しよう！

満室トルネードチャート

日々、満室経営を実践していく中で、第1部で解説した「満室スターチャート」、第2部で解説した「満室ライフサイクルチャート」を対策、実践し、問題点をクリアしていくと、チャートを見るだけで、物件への取り組みが分かるレベルに達します。

そうなれば、これらを別々に見るのではなく、空室対策と満室対策を一元で判断できるようになってきます。このような空室対策と満室対策を一元で管理するチャート、これを

「満室トルネードチャート」と名付けました（次ページ5 - 1）。私は、満室トルネードチャートはA4用紙1枚で管理しています。管理している物件はすべてこのチャートに基づいて、対応しているわけです。

①満室スタートチャート、満室ライフサイクルで絞った**優先順位3つの項目**を書き出します。
②その中での**優先順位**を書き出します。
③**スケジュール表**を用意します。
④確認する**日時**をブロッキングし、優先順位に基づいて、実践していきます。経過途中のものは保留にしながら、
⑤ブロッキングしたスケジュールで何を行うか、**確定**します。

● 5-1（満室トルネードチャート）

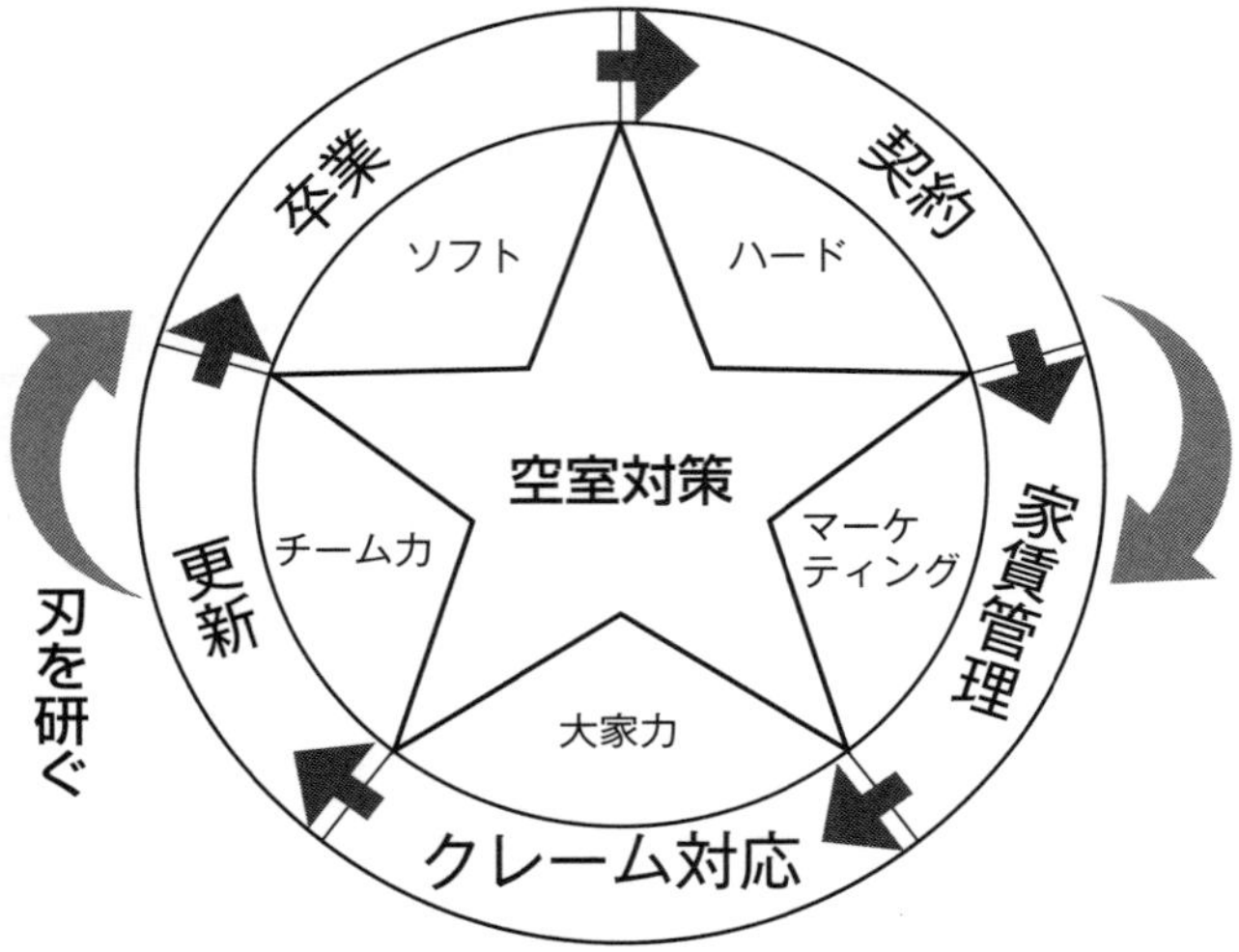

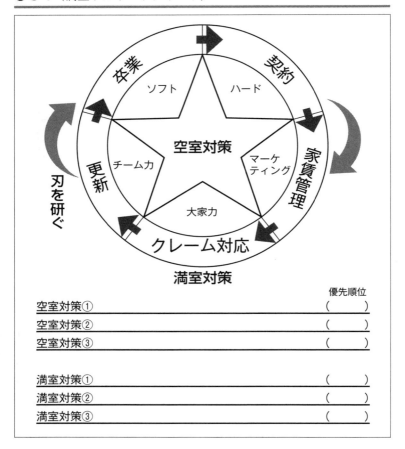

優先順位

空室対策① （　　）

空室対策② （　　）

空室対策③ （　　）

満室対策① （　　）

満室対策② （　　）

満室対策③ （　　）

最速であなたの物件の問題点をクリアしよう！

ここまで解説してきた方法で空室を埋め、入居者の方々が満足しながら住み続けるための対策を実践していきます。これらを継続する過程で、Ａ４用紙１枚にまとめられた「満室トルネードチャート」を見ることによって、ご自身の物件の空室対策のポイントがわかるようになります。

しかし、ここで注意点があります。
これまで私は、地元民の方々と協力して空室対策を実践したり、モデルルームを新しくリフォームしたり、ＤＩＹや民泊での募集をしたり、スマートロックを取り入れたり、新しいことに対して積極的にチャレンジをしてきました。

そうすると、方法論が確立していないため、どうしても手間がかかるものです。このとき、不動産投資家の大半は「やり方がよく分からない」「面倒くさいことが出てくる」と行動が停滞しがちです。

しかし、ここで止まってはいけません。
新しいチャレンジをするにあたって障害があったとしても、多少の失敗は気にせずにどんどん突き進んでいってください。「満室スターチャート」「満室ライフサイクル」「満室トルネードチャート」の説明の中で、自分の経験ない事柄がいろいろ出てきたと思います。それと向き合うときに、重戦車のようにメキメキとなぎ倒すように、ご自身の物件の問題点をクリアしていってほしいと思います。

世界中どこにいても「完全遠隔満室経営」

ご自身の物件を満室トルネードチャートで見ることができれば、あなたは世界中どこにいても完全遠隔満室経営ができます。

たとえば、私は年間100日ぐらいアメリカ、ヨーロッパ、アジアなど海外に出張に行っています。自分の実家や会社がある日本国内で3分の1、残りの3分の1は北海道や沖縄、福岡、大阪などにいます。

その中で２５００室の物件を管理できているのは、満室トルネードチャートをしっかりと使いこなしているからです。今は世界中どこにいても、ＬＩＮＥやメールで現場とやりとりできます。つまり、現場との人間関係が確固たるものであれば、世界中どこにいても「完全遠隔満室経営」ができるのです。

実際、私と同じように年間１００日ほど海外にいるメガ大家さんは何人もいます。皆さんＬＩＮＥやメールなどで指示出しをして完全遠隔満室経営を実現していますし、もし電話をする必要があっても、ＳｋｙｐｅやＬＩＮＥであれば無料ですので、時差だけ気にすれば、打ち合わせも世界中どこでも可能なのです。

あなたは入居者をしっかり見ていますか？

さて、第1章から第5章まで読んでいただいて「完全遠隔満室経営」が実際にできるようになると思います。最後に1つ、どうしてもお伝えしたいのは、「賃貸経営事業は素晴らしいビジネスだ」ということです。

10億円以上融資を受けている、あるいは賃貸物件を100室以上持たれている投資家さんは、私の周りにたくさんいます。この規模まで拡大してくると、毎月送られてくるExcelファイルや清算書などを見るだけで「空室が出たら埋めなくちゃ」と考えるようになります。つまり、数字だけの世界になってくるわけです。

しかし、賃貸経営事業の本質を忘れてはいけないと思います。各物件には何人もの入居者さんがいて、それぞれの人生を生きています。たとえば、小学生からずっと受験勉強して第1志望の大学に合格した男性が、あなたの物件で初めて一人暮らしをすることになる場合もあるでしょう。

「完全遠隔満室経営」を実現したとしても、すべて丸投げで楽にお金を稼ぐことばかりを考えずに、根底で「賃貸経営事業はすばらしいビジネスだ」と考えてほしいのです。Excelファイルを見たときも、「101号」「102号」と機械的に考えるのではなく、それぞれの人生があるということを十分に理解し、そして自身の経営に誇りをもってビジネスをしていただきたいと思います。

第Ⅲ

満室物件を高値売却する方法

出口対策編

【6章】インカムを得ながらキャピタルを狙う2点張り投資法

満室経営を維持して確実にインカムを得る

『金持ち父さん貧乏父さん』（ロバート・キヨサキ著、筑摩書房）のブーム以降、不動産投資は「インカムゲインを得るために物件を持つ」という考え方が主流でした。

ところが、ここ数年の不動産価格の高騰局面においては、満室経営をしながらキャピタルゲインを得て、それを元手に規模を拡大する不動産投資家が非常に増えています。

この背景には、いくつかの要因があると思います。最大の理由は、個人の購入ではなく法人の購入が珍しくなくなったこと。個人で物件を購入すると、５年未満だと短期譲渡になるため、５年以上所有して売却する長期譲渡が支流でした。

しかし、法人で物件を売却する場合は、個人と違って所有期間が長くても短くてもかかる税金は変わりません。

満室経営をしながらキャピタルを得る

今は満室経営をしてインカムを得ながら同時にキャピタルも得ていくという2点張りの投資法が主流になっています。

たとえば、こういう事例があります。２０１６年12月に空室対策の相談を受けたのですが、千葉県の不動産業者さんから提案を受けた物件で、購入価格を２５００万円でした。投資家さんは５００万円かけてリフォームし、２０１７年の２月頭に満室になりました。

私が面白いなと思ったのはそこからで、実は、全く同じ業者さんが満室になった物件を「4000万円で売却しないか」と話を持ってきたのです。そして、投資家さんは3月には売却をしました。つまり、保有期間が実際3カ月ちょっとで物件を手放されたということです。

その投資家さんは儲けた1000万円を元手に、今はどんどん物件を拡大しています。このような、本当に超短期で売却をするという事例も実際にあるのです。

また、私が空室対策コンサルをやり始めた2010年に、関東圏で利回り14%で買った物件を満室にして9%で売り抜けた、つまり5%分儲けた投資家さんが本当にたくさん出ています。

2点張りをする投資家さんの特徴としては、「売りがメインではなく、基本姿勢は持ち続ける」ということです。ただし、「この価格で買いたかったら買っていいよ」というギリギリのラインを不動産業者さんと相談をしながら売却をしているというところが非常に特徴的です。

しかも銀行の決算時期である3月や、融資が比較的ゆるくなりやすいと言われている9月を狙う方もいらっしゃいます。つまり、1回短期で募集を出して3月で売れなかったら、次の9月のタイミングに合わせてまた売却を狙うという戦略を採りつつ、それでいてインカムは確実に得るという2点張りの投資をされています。

私は空室対策のコンサルティングをメインで行いつつ、不動産の管理をさせていただいているのですが、年間２００~３００ぐらい入れ替わっているのは、実はあわせて売却の相談を受けており、実際には高値で売却をされている方が多くいらっしゃるからです。

あなたの物件を高値売却しよう！

では、あなたの物件を高値で売却するためにはどうすればいいのか。

まず、出口戦略としてしっかりと準備をする必要があります。いわゆるメガ大家さん、ギガ大家さんと言われている方の多くは、いつでも買えるための準備をしています。私の周りにいる不動産投資家さんを見ていても、「いつでも買える・いつでも刀が抜ける」状態にしています。

出口戦略もこれと一緒で、いくらだったら売るのかということを常に頭に入れつつ、売るための準備をしっかり行う必要があるのです。

出口戦略の基本の考え方「高く売れる時に売る」

ですから、基本的には「持ち続けてインカムを得ていく」という戦略をとるべきですが、「この価格なら売ってもいいよ」という話を不動産業者さんと絶えず行い、希望の条件、つまり「高く売れるときに売る」のが、出口戦略の考え方です。

ここで大切なのは、高く設定しすぎても売れないのでギリギリのラインを常に探るということです。

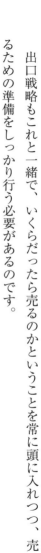

2点張り投資法はこれからの標準

安い価格で買えるだけ買って満室経営を維持しながらインカムを得るけれど、キャピタルは常に狙っていく。このような2点張り投資法は今後も更に一般的になっていくと思いますが、では高く売るためにはどうすればいいのでしょうか。

大前提となるのは、空室がないこと。つまり、満室経営ができていないと高く売れません。空室がある物件ほど指値が入る可能性が高まります。ですから、空室がある状態で売るのはお勧めできません。かつて流行ったような詐欺的なやり方で一時的に埋めて、物件を買ったらどんどん退去していくというようなことは、不動産業者さんも不動産投資家さんも、知識や経験が溜まっているので今は本当にやりにくくなっています。

ですから、空室を満室にし、更に満室経営を維持して物件を高く売るというのが、順番としては正しいといえます。実際、メガ大家さんたちもそういったやり方で物件を拡大しています。

【7章】売却利益のキャッシュで物件を買い進める！

高値売却の流れ

「不動産投資をするにあたって一番大切なのは出口戦略だ」という話を耳にしたことがある人は多いと思います。私は今まで多くの不動産投資物件に関わってきましたが、出口というのは、以下のような捉え方があると考えています。

①売却

これがいわゆる出口戦略の基本です。ファンドなど何十億、何百億円という規模感が違う出口戦略となると実にさまざまな戦略というのが考えられますが、ここでは個人の不動産投資家にとっての出口に絞って解説していきましょう。

まず、個人レベルの投資家の場合の出口戦略は2つに分けられます。1つが売却です。これは主に3つ考えられます。

・キャピタルゲイン狙い
まずは、本当に理想的な形である「キャピタルゲイン狙い」です。これは正しく言うと、インカムゲインとキャピタルゲインを狙っているというものです。

これまでは、買った物件は持ち続けてインカムを得ようというのが基本的な投資戦略だったのですが、不動産価格が上昇した昨今では、キャピタルゲインも狙うほうが主流になりつつあります。インカムゲインを得ながら「このぐらいの価格なら売ってもいいな」というタイミングで売っていくということです。

・再投資資金を潤沢にするため
次は「再投資資金」を潤沢にするために売却をするという考え方です。購入してから得たインカムゲイン、そして売却してから得たキャピタルゲインが税金を引いてもキャッシュが残ると、再投資資金として使えます。というのも、持っている現金があればあるほど融資が付きやすいからです。

・損切り

最後の「損切り」に関しては、結果としてインカムもキャピタルも赤字で終わってしまったけれども、これ以上の赤字は抱えたくないという場合の選択肢になります。

②ローン返済

個人の不動産投資家にとっての出口戦略の2つ目。それは「ローン返済」です。こちらも考え方は2つあります。

・返済完了

一般的なローン返済というのは、いわゆる完全返済です。ずっと持ち続けるけれど、支払うローンがなくなれば、払うのは税金と物件の維持費用ぐらいになります。中でも固定資産税は毎年下がっていきますので、持ち続ければ持ち続けるほど、お金を産んでいきます。

たとえば、8戸のアパートを築40年で保有している地主さんは、たとえ半分が空室でもそこまで慌てないと思います。なぜかというと、もう借金もないため無理をしてお金かけてリフォームするよりも、すでに埋まっている4人から、家賃が得られるのであればいいという考え方です。

・ローン残債が売却可能価格を下回った

そしてもう1つが、こちらが現実的ではないかと思いますが、ローン残債が売却可能価格を下回った時点です。たとえば、売却可能価格が1億円で、ローン残債が8000万円だと、キャッシュが2000万円残り、税金を払ってもプラスになります。ですから、売却可能価格をローン残債が下回った時点で、出口をとれるポジションになります。

このように出口戦略といっても、さまざまな考え方があります。売却とローン返済という大枠の中で、売却の中に3つ、ローン返済の中に2つの種類があるということを覚えていただければと思います。

物件売却活動において準備するもの

売却活動では準備を事前にしておいたほうが、いざ実際に売却をするというときにスムーズに進みます。不動産業者さんに言われて準備をするという後手後手になると、担当者さんに二度手間三度手間のお願いをする場合もあるので、しっかり準備しましょう。

①物件概要書

物件概要書は、不動産物件の購入時にもらえるかと思いますので、それを用意しておきましょう。こういったものは1枚のファイルなどにまとめて管理することをお勧めします。

②最新レントロール

レントロールとは、管理会社さんが毎月作成する家賃支払精算書を指します。たとえば、101号室は○○さんという方が住んでいて、家賃や共益費、預かっている敷金はいくらか、といったイメージです。

③建設当初の建築図面

これも実際売却する際には必要になってきますので用意しましょう。建築図面は非常にボリューミーなものが多くて、最初に契約をすると段ボール1箱が送られてくることもあるかと思いますが、中の大半が建築図面だったりします。

④水道光熱費等支出一覧

これによって、どのぐらいの支出が必要になるのかがわかります。水道光熱費は、共用部分の電気代や水道代を指し、物件によっては水道料金をオーナーさんが負担をして、そのあと入居者に請求したりするケースもあるので把握しておきましょう。

⑤当該年度の固定資産税・都市計画税通知書

これは必ずというわけではないのですが、必要になる場合が多いです。かつ、業者さんもらうのを忘れがちで、直前になって依頼されることもあるので、事前に用意をしておきましょう。

⑥修繕履歴

これは大規模修繕履歴を指します。いつ、どこを、どういう状態にしたかの履歴です。

● 7-1（売却活動において準備するもの）

①物件概要書
②最新レントロール
③建設当初の建築図面
④水道光熱費等支出一覧
⑤当該年度の固定資産税・都市計画税通知書
⑥修繕履歴
⑦購入当時の契約書
⑧物件の写真

⑦購入当時の契約書

購入当時の売買契約書です。

⑧物件の写真

これらも契約書作成の際に必要になるものですので準備をしておきましょう。

こういったものをファイリングなどで管理し、売却活動するときにすぐに出せる状況にしておきましょう。

高値売却するための不動産会社の選び方

不動産の物件を売却することを決断したら、次の流れで進めていくのがベストです。1つずつ解説していきましょう。

①不動産会社に売却相談

以前からお付き合いがある、懇意にしている不動産会社さんに売却相談をします。

②売却価格（売り出し価格の決定）

①と並行して行いながら、不動産会社とともに売却価格を決めます。

③売却を依頼する不動産会社の決定

①と②を並行しながら進めます。

④媒介契約締結

売却を依頼する不動産会社が決定したら、媒介契約を締結する必要があります。媒介契約の種類は先述したように専属専任、専任、一般の3つがあり、それぞれ特徴が異なるので把握しておきましょう。

⑤売却活動開始

担当者と進捗を打ち合わせしながら活動を進めます。

⑥担当者と進捗を打ち合わせ（2週間に1回程度）

買付や問い合わせが入ると、そのタイミングで連絡は取り合うと思いますが、それ以外の基本的なスタンスとしては2週間に1回程度で打ち合わせをするのがいいでしょう（専属専任の場合は、1週間になると思います）。

⑦買付申込書の受領

購入希望者が現れた場合、買付申込書を受領するということになります。

⑧売買契約の締結

買付申込書が受領されたら売買契約を締結します。売買契約を締結する際、ポイントが3つあります。

１つ目は、手付金です。確認漏れがないよう注意しましょう。

２つ目は、瑕疵担保責任の期間です。ご自身が売主の場合、瑕疵担保責任がかかってきますので、一般的には2年ですが、期間を設定する必要があります。

３つ目は、引継ぎ事項です、境界線の問題、２項道路など、将来的なトラブルが予見できることを契約書に盛り込むようにしましょう。売却活動している仲介業者さんだと完全に把握できてない部分もあるかもしれませんので、契約書のチェックはご自身でされたほうがよいでしょう。

⑨融資本審査承認

売買契約が締結したら、融資の本審査に移ります。

⑩金銭消費貸借契約の締結

融資の本審査が承認されたら、次に金銭消費貸借契約の締結です。

⑪決済

決済するとき、基本的には不動産会社さんが費用を出してくると思いますが、オーナー自身でも把握して準備しておかなければいけないこともあります。

● 7-2（売却活動において準備するもの）

①不動産会社に売却相談
②売却価格（売り出し価格の決定）
③売却を依頼する不動産会社の決定
④媒介契約締結
⑤売却活動開始
⑥担当者と進捗を打ち合わせ（２週間に１回程度）
⑦買付申込書の受領
⑧売買契約の締結
⑨融資本審査承認
⑩金銭消費貸借契約の締結
⑪決済
⑫引き渡し

まず売却にかかる費用としては、仲介手数料、印紙代、繰り上げ返済手数料、抵当権の抹消登記費用です。次に、決済時に清算する費用もあります。売却代金の清算、敷金の清算。固定資産税、都市計画税、水道光熱費です。

⑫引き渡し

以上が売却活動の基本的な流れになります。ぜひ、最初の時点で把握しておくようにしましょう。

売却はどの不動産会社を選べばよいか

改めて言うまでもないですが、売却を依頼する不動産会社選びは非常に重要です。どんなに不動産投資家さんが満室経営を維持していい物件に育てたとしても、売却を依頼する不動産会社を間違えてしまうと、高値売却が実現できないからです。

では、売却を依頼する不動産会社は、いかに決めればよいのでしょうか。

1つ目は、売却の一括査定です。一括査定サイトがあるので、提示してきた業者さんのなかから選択していくというやり方です。

2つ目は、大手不動産会社です。大手というのは財閥系、鉄道系を指し、いずれも資金力が豊富のため、多くの優良顧客がいる可能性が高いといえます。

3つ目は、地域密着の不動産会社です。地域密着ゆえにしっかりとした買主を見つけてくれる可能性が高いですし、逆にエリアの相場を知っているだけに高額でより高く売ってくれる可能性があります。

4つ目は、高値売却をするための〝何か〟を持っている不動産会社です。

それでは順番に解説していきましょう。

①売却の一括査定サイト

順番に解説していくと、売却をする場合、一括査定サイトを使う人が多いと思います。しかし、一括査定サイトは不動産業者さんが広告費を払ってリストを得ていくためのもので、物件情報、もしくは売りたいというお客さんの投資家さんの情報（メールアドレスであるとか住所など）がほしいわけです。

ですから、査定額が「売れる」ということを念頭に置いてないで提示される場合があり、査定金額に大きなバラつきがあります。たとえば、物件の相場が1億円だったとしても、「この物件は1億2000万円で売れますよ」と査定する可能性があるのです。

その会社さんに依頼した場合、「やっぱり1億2000万円では売れないので下げましょう」と言われ、結果として1億円で売れるということもあるわけです。

高く査定をした業者さんには「専任がほしい」という考えがあります。ですから、最初は高値で市場に出すものの、時間を経て値段を下げていくというスタンスをとっています。

一方、一番低い業者さんは「これなら売れるよね」とうギリギリの査定額を出してきています。したがって、一括査定サイトで全体を把握した上で、今度は不動産会社を選定していくというステップになります。

では、どういう不動産会社を選定すればいいのか。それは簡単に言うと、「初心者で高属性のリストを持っている不動産業者」です。言い方は悪いですが、初心者であればあるほど価格に対してシビアではないですし、高属性の人であれば融資がおりないリスクが低いからです。

さて、初心者で高属性のリストを持っている不動産業者さんをどうやって見抜けばいいのでしょうか。それは、不動産投資専門でいろんな銀行とのコネクションがある業者さんです。

②大手の不動産会社

大手だからといって営業マンの力量が全員高いとは限りません。

③地域密着の不動産会社

また、地域密着の不動産会社に関しても、適正価格で売ろうという考えを持つ会社さんもあるのは事実です。

ですので、そういうことを考えていくと、次の『高値売却するための「何か」を持っている不動産会社』がいいのではと私は思っています。

④高値売却をするための「何か」を持っている不動産会社

高く売却するためには、その会社の強みがどこにあるのかを見つけましょう。たとえば、年収が高く優良顧客を抱えている会社、融資のアレンジ力がある会社（物件を買える余力がある顧客をたくさん抱えている会社）、そして、営業力が強い会社です。

では、これらの能力を持っているかをどう見極めるのか。情報を発信している会社さんもありますし、お客様の実績とかを聞かせていただくのも一手でしょう。

また、「どんなところが融資してくれますか」などの質問をすると、融資のアレンジ力がわかるでしょう。営業力が強い会社は「ぜひ売らせてください」「こんなお客さんいますよ」など積極的にアプローチしてきてくれます。

不動産会社との契約方法

ご自身の不動産を売却するとき、大半は宅建免許を持った不動産業者さんに仲介に入ってもらい、売却活動をするというのが一般的な流れです。その中で、売却活動をする不動産会社さんとの契約は3つの形態に分かれます。どの契約形態を選ぶかは売却活動において非常に重要です。

①専属専任媒介契約

1つ目は、「専属専任媒介契約」です。特徴は、3つの形態の中で最も不動産会社さんとの契約に縛りがあることです。というのも、契約したときに依頼できる業者が1社のみだからです。

たとえば、不動産仲介業者のA社さんと専属専任媒介契約を選んだ場合、もっと信頼できそうなB社さんが現れたとしても、A社さんとしか契約ができません。

ただこの契約形態にもメリットはあって、1社依頼できない分、契約したところは一生懸命やってくれる可能性が高まるということです。

2つ目の特徴は、「自分で探した買主との直接契約もしてはいけない」ということです。たとえば、不動産投資家さんの交流会に行ったときに、「ぜひ買わせてください」と言われたとします。直接契約できれば売主さんは仲介手数料を払わなくていいわけですから非常に魅力的なのですが、そういったケースでもNGです。

3つ目の特徴として、レインズへの登録義務があります。レインズとは、国が法律で定めた物件を業者間で検索できるサイトです。レインズから依頼を受けたら登録しなければいけない義務があります。

そして4つ目の特徴ですが、専属専任媒介契約を結んだ業者さんは週1回以上の報告義務があります。

②専任媒介契約

媒介契約の2つ目は、「専任媒介契約」です。

これは依頼できる業者は1社のみなので専属専任と変わらないのですが、自分で探した買主との直接契約は可能になります。

そして、レインズへの登録義務があるのですが、報告義務が2週間に1回以上になります。つまり専属専任と比較すると、専任媒介契約のほうが縛りはきつくないということです。

③一般媒介契約

媒介契約の3つ目は、「一般媒介契約」です。一般媒介は、先述した専属専任、専任と違って複数社に依頼することが可能です。そして、自分で探した買主との直接契約が可能で、レインズへの登録義務、報告義務もありません。

これだけ考えると、一般媒介は自由度が高いといえます。売主さんが非常に自由な立場にはなれますが、反対に各業者さんのモチベーションが上がりにくいともデメリットもあります。

以上のように、大きく3つの媒介契約がありますが、選ぶときのポイントを挙げるのならば、高値売却のノウハウがあり、優良顧客を自社で多数抱えている会社に、専属専任か専任で依頼するのがベストといえます。

● 7-3（不動産会社との契約形態）

①専属媒介契約

（1）依頼できる業者は1件のみ
（2）自分で探した買い主との直接契約不可
（3）レインズへの登録義務あり
（4）1週間に1回以上の報告義務

②専任媒介契約

（1）依頼できる業者は1社のみ
（2）自分で探した買い主との直接契約不可
（3）レインズへの登録義務あり
（4）2週間に1回以上の報告義務

③一般媒介契約

（1）依頼できる業者は複数可能
（2）自分で探した買い主との直接契約可能
（3）レインズへの登録義務なし
（4）報告義務なし

まとめ

「高値売却のノウハウがあり」「有料顧客を多数自社で抱えている」会社に「専属専任」か「専任」で依頼するのがベスト

もちろん、最終的な判断はご自身で行うものですが、私がこれまで見てきた中では、この考え方で間違いないと思います。

もし実際に売却をされたいということがあれば、私にご相談いただければ、個別的にご紹介させていただきます。

「売り逃げ」ではなくＷＩＮ－ＷＩＮで嫁に出す

Ｐ２１７の「物件売却準備シート」は、私が不動産投資家さんから依頼を受けて作成したものです。物件売却の不動産業者さんとやり取りをするときに、私自身が使っているものをベースにしておりますので、ぜひご活用ください。

項目は非常にシンプルです。まず一番上に物件名称を書きます。右側の「メモ」欄には、「不動産会社に売却相談をした」などと書いたりします。そして、たとえば売却を依頼する不動産会社を決定したら、チェックしていきます。

私が投資家さんから依頼を受けて物件売却のサポートをさせていただく際には、１００円ショップなどで売っているクリアファイルのトップにこの物件売却準備シートを入れます。私の場合は依頼を受ける立場ですので、それを依頼された不動産投資家さんに持ち帰って「この会社に相談しようと思う」などの話をするわけです。

５－１「売却活動前準備」として、物件概要書、最新のレントロール、建築図面、水道光熱費等の支出一覧、当該年度の固定資産税、都市計画税の通知書、修繕履歴、購入当時の契約書、物件の写真、もし他に用意するものがあれば「その他」として準備します。

このとき、私は印刷してシートをクリアファイルに入れるわけですが、同時にパソコン上にも物件用のフォルダをつくって、そこで管理をするようにしています。多くのやり取りはメールを通してですが、何かのトラブルでデータがすべて消える可能性もゼロではないと思っているので、私は出力をするよう心がけています。

担当者さんと定期的に打ち合わせするうちに、どこまでだったら指値に応じるなどを決めていきメモとして残します。そして、買付申込書の受領があったら売買契約を締結し、手付金、瑕疵担保責任の期間、継承事項、その他必要なことがあれば確認をします。

9～11までは、売る立場としては待つしかないわけですが、ただこの待っている間に11-1「売却にかかる費用」、11-2「決済に清算する費用」などを確認するようにしています。物件を引渡してからも、1、2カ月は質問が来たり、フォローしたりするケースもありますが、この売却シートがあることで今どの段階なのかが常にわかるので非常に便利といえます。

●物件売却準備シート（物件名）

確認事項	メモ
□　１．不動産会社に売却相談	
□　２．売却価格（売り出し価格）の決定	
□　３．売却を依頼する不動産会社の決定	
□　４．媒介契約締結	
□　５－１．売却活動前準備	
□　（１）物件概要書	
□　（２）最新レントロール	
□　（３）建築図面	
□　（４）水道光熱費等支出一覧	
□　（５）当該年度の固定資産税・都市計画税通知書	
□　（６）修繕履歴	
□　（７）購入当時の契約書	
□　（８）物件の写真	
□　（９）その他	
□　５－２．売却活動	
□　６．担当者と進捗を定期的に打合せ	
□　７．買付申込書の受領	
□　８．売買契約の締結	
□　（１）手付金の確認	
□　（２）瑕疵担保責任の期間	
□　（３）継承事項、トラブルが予見できる事を盛込む	
□　（４）その他	
□　９．融資本審査承認	
□　１０．金銭消費貸借契約の締結	
□　１１．決済	
□　１１－１．売却にかかる費用	
□　（１）仲介手数料	
□　（２）印紙代	
□　（３）繰り上げ返済手数料	
□　（４）抵当権の抹消登記費用	
□　１１－２．決済時に清算する費用	
□　（１）売却代金	
□　（２）敷金精算	
□　（３）固定資産税	
□　（４）都市計画税	
□　（５）水道光熱費	
□　１２．物件引渡し	

最後に、あなたに質問があります。
今、売ろうと考えている物件は、あなたの友だちに自信を持って売れる物件でしょうか？
実際、私が見てきた限りでも、知り合いに売却した方は非常に少ないです。なぜかというと、やはりビジネスに関わることなので、知り合いではない人に買ってほしいというのが根底にあるようです。

しかし、たとえそうであったとしても、友人に自分の物件を売れるかどうかというのを絶えず自問自答してほしいのです。変な物件を高価格でつかませて売り逃げをしてキャピタルを得ようというやり方は、因果応報で必ず自分に返ってきます。

そうではなくて、売った人も買った人もWINWINになるように、そして自分の物件に愛情を込めて嫁に出すような気持ちで出口戦略を考えていただきたいのです。

そしてその考え方こそが、結果としてあなたの不動産投資人生、更にはご自身の人生において成功、つまり幸せになる方法なのではないでしょうか。

おわりに……ＩＴの急激な進化とともに変わりゆく不動産業界

本書を最後までお読みいただき、誠にありがとうございました。

本書は私の３年ぶり、３冊目となる空室対策本です。独立してから早いもので７年の月日が流れ、不動産投資の潮流もずいぶんと変わってきました。

私は日ごろより、コンサルティングや塾を通して、不変的なノウハウを言い続けています。空室対策や満室経営の根本は変わりませんが、その間、様々な新しいノウハウやツールが出てまいりました。本書はそれらを加味した上で、空室が決まり、満室経営が維持でき、結果として高値売却するノウハウをバージョンアップしたものになります。

独立してからの７年間で変わったなと思うことは、ＩＴの急激な進化です。スマホが日常生活の一部となり、不動産人生において便利なアプリが続々と出ています。

そして、もっと変わったと思うことは、個人の不動産投資家の急激な進化と拡大です。

正直、不動産管理会社や不動産仲介業者はこのままでは、あっというまに追い抜かれるでしょう。

ＩＴの急激な進化によりこのままでは不動産管理会社不要時代が来るでしょう。ただ、現場に近く、管理料が安いから現地の管理を依頼しているのが本音という不動産投資家も少なからずいるはずです。

不動産仲介業者は更に不要時代が来るでしょう。内見者も営業マンを営業マンとしてみていないのではないでしょうか？　スマホアプリで検索して、見たい物件を問い合わせたところも担当者がたまたまその営業マンだった、というだけに過ぎないのではないでしょうか？

そんな時代、自分に何ができるのでしょうか？

この問いに対する自分なりの１つの答えが本書です。この本は、不動産投資家向けに書かれていますが、不動産に関わる全ての人に向けて書かれてもいるのです。

本書はプロが読むとこんな当たり前のことばかりで終わるでしょう。しかし、１つでも不動産人生に進化のヒントが得られれば、私の狙いは当たったと言えます。プロの方はぜひ本書から「宝探し」ならぬ「進化探し」をしてほしい、ざざっと斜め読みにしてほしくないと思います。

また、初心者の方であれば、常に本書を手元において、賃貸経営をすることによって、完全に遠隔で満室経営できるようになるでしょう。

少しでも不動産業界に関わる人のお役に立ちたいと思って書きました。

末筆とはなりましたが、本書の担当者ぱる出版の荒川三郎さん、そして、ぱる出版とのご縁をつないでくれました小山睦男さん、誠にありがとうございました。

また、3作連続のお付き合いとなり、今回は超タイトなスケジュールの中、調整していただき、素晴らしい本にしてくれたライターの布施ゆきさんには心から感謝しております。あなたたちの協力がなければ、本書は出版できませんでした。

弊社の不動産管理オーナー、コンサル会員さん、満室塾生のみなさん、私のメルマガ読者さん、弊社のパートさん、提携業者さん、こうして関われたことにとても感謝をしております。
私に興味を少しでも持っていただけたら、満室塾などのセミナーに気軽に遊びにきていただけるととても嬉しいです。セミナー会場でお会いできることを楽しみにしております。

２０１７年9月吉日

尾嶋　健信

参考文献
「たった18日で次の入居者が決まる！満室革命プログラム」尾嶋健信著（ソフトバンククリエイティブ）２０１２年刊
「不動産投資一棟目から満室！！満室スターＮＯ１養成講座」尾嶋健信著（税務経理協会）２０１４年刊

『不動産投資は空室物件を満室にして超高値で売りなさい』

購入者限定特典のお知らせ

このたびはご購入いただきまして誠にありがとうございます。
感謝の意味も込めまして、読者限定特典をご用意しました。
以下のＵＲＬよりご登録下さい。登録は簡単です。

http://bit.ly/2xKAXte

登録することで以下の特典がもらえます

① 「満室経営のルール特別ウェビナー」無料視聴
（ご視聴で空室対策大百科完全版ＰＤＦを差し上げます）

② 尾嶋健信の満室経営セミナーに無料ご招待

③ メール限定情報を特別配信

④ Line@ に登録で Line@ 限定情報を配信
（ご登録で空室対策大百科５時間相当の音声を差し上げます）

Line@ 登録方法の詳細

ア　スマートフォンで LINE を開いて「 @manshitsu 」で ID 検索
(@ をお忘れなく)
イ　もしくは下記の URL よりアクセス
(https://line.me/R/ti/p/%40manshitsu)
ウ　または右の QR コードより登録

特典は予告なく、終了することがあります。
お申し込みはお早めに！

応募方法はオンライン限定になります。
インターネット環境を持たない方は応募対象外になりますのでご了承ください。

尾嶋 健信（おじま けんしん）

満室経営株式会社代表取締役。大前研一BBT大学不動産投資講座講師。

不動産管理会社の勤務時代、独自の空室対策のノウハウを確立し、独立。

2017年現在、空室対策に特化したコンサルティングをのべ6000件、5500戸以上の空室を埋めた実績を持つ。現在、管理戸数は約2500戸。著者のノウハウを通してサラリーマンを卒業した人数は50名以上にのぼる。著書に『満室革命プログラム』（ソフトバンククリエイティブ）、『満室スターNO 1養成講座』（税務経理協会）がある。現在、『月刊満室経営新聞』（一般社団法人日本賃貸経営業協会）にコラム連載中。

【HP】満室経営のルール 特別ウェビナー（http://bit.ly/2xMZgrn）
【Facebook】https://www.facebook.com/ojimakenshin1
【Line】https://line.me/R/ti/p/%40manshitsu

不動産投資《ふどうさんとうし》は空室物件《くうしつぶっけん》を満室《まんしつ》にして超高値《ちょうたかね》で売《う》りなさい

2017年10月24日　初版発行

著者　尾嶋健信
発行者　常塚嘉明
発行所　株式会社 ぱる出版

〒160-0011　東京都新宿区若葉1-9-16
03（3353）2835—代表　03（3353）2826—FAX
03（3353）3679—編集
振替　東京 00100-3-131586
印刷・製本　中央精版印刷(株)

ISBN978-4-8272-1087-3 C0033